Ilya Grigoryev

in three days

A quick course in simulation modeling

３日で学ぶビジネスシミュレーション

～AnyLogic 7 入門～

Ilya Grigoryev 著

Second edition 日本語版 第 1 版 2016/8/3
テックサポートマネジメント有限会社

訳者紹介

Part1　基礎知識編翻訳　立命館大学　准教授　湊 宣明
Part2　モデル構築編
離散事象モデル、ネットワークベースモデル、エージェントベースモデル及び
システムダイナミクスモデル序論翻訳　立命館大学　准教授　湊 宣明

歩行者モデル序論及びモデル構築編翻訳　テックサポートマネジメント有限会社

無断転載禁止
発行所　テックサポートマネジメント有限会社　2016/8/3

序文

　本書は AnyLogic 開発者によって執筆された AnyLogic 7 の最初の実用テキストです。AnyLogic は、離散事象モデル、エージェントベースモデル、システムダイナミクスモデルという３つの異なるモデリング手法を同時に提供し、複合手法によるシミュレーションモデルの構築を実現したユニークなソフトウェアです。

　本書は AnyLogic の基礎トレーニングとして 3 日間で学ぶことを想定して書かれています。学習する内容は、消費者市場モデル、感染症モデル、受注生産モデル、及び空港モデルの４つです。それぞれ異なるモデリング手法を用いながらモデル構築を演習形式で進めていきます。

　本書に記載された全ての演習を終えれば、プロセス・フロー図を使用する離散事業モデルおよび歩行者モデル、ストック・フロー図によるシステムダイナミクスモデル、及び簡単なエージェントベースモデルの構築ができるようになるでしょう。

・本書例は、AnyLogic 7.3.4 版を基に作成されております。その他の版を使用した場合は、プロパティ画面等が多少異なる場合がありますが、ご利用いただけます。

著者紹介

AnyLogic 社主席テクニカルライター。複数企業でシミュレーション専門コンサルタントとしての実績を積んだ後、AnyLogic 社で 10 年以上に渡りシミュレーションソフトウェアの開発に従事。AnyLogic の主要ドキュメント作成や訓練コース開発を担当し、米国、欧州、アフリカ、およびアジアにおいて AnyLogic トレーニングの講師を務めている。

Ilya V. Grigoryev
grigoryev@anylogic.com

目次

PART-1　基礎知識編

1. モデリング・シミュレーションの基礎

　モデリング（Modeling）[1]とは、現実世界の諸問題を解決する手法の一つです。我々は問題の対象となる物を実際に構築し、破壊し、変化させながら、実験を行うことで正しい解決策を導出しようと試みます。しかし、多くの場合、それはあまりに高額であったり、危険であったり、あるいは、不可能であったりします。

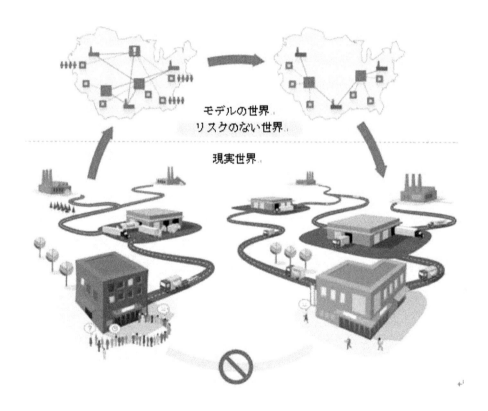

---

[1]本章は Andrei Borshchev 博士による著書『The Big Book of Simulation Modeling』（英語）からの抜粋です。同書（英語版）は AnyLogic のウェブサイト（https://www.amazon.com/Big-Book-Simulation-Modeling-Multimethod-ebook/dp/B00YO0K1ZQ）からダウンロードすることができます。

Modeling

　我々は、現存するシステムのモデルを構築するにあたり、モデリング言語を用いてそれを表現します。このプロセスには抽象化が必要とされます。抽象化とは、無関係と思われる詳細な部分は極力排除し、重要と思われるものにのみ着目することです。従って、構築したモデルの複雑性は、その基となったシステムの複雑性よりも低減するのが一般的です。

　モデル構築 Phase、すなわち、現実世界をモデルの世界にマッピングし、抽象度を選択し、モデリング言語を選択するプロセスは、モデルによる問題解決プロセスのように形式化されていません。科学というよりもアートに属する領域であると言えます。

　我々は、モデル構築の後、時にはモデル構築中においても、基となるシステムの構造や振る舞いを詳しく調べ、理解しようとします。そして、様々な条件の下でシステムがどのように振る舞うかをテストし、シナリオを比較し、さらに最適化し、最終的に解決策を現実世界にマッピングし直します。

　モデル化のメリットは、問題から解決策に至る道筋をリスクの無い世界においてまず見極めることができる点にあります。その世界では間違いが許容され、取り消すことができ、一旦戻って再度スタートすることさえ可能なのです。

　AnyLogic は、離散事象モデル、エージェントベースモデル、システムダイナミクスモデルの3つ代表的モデリング技法をそれぞれ独立に、あるいは、組み合わせて用いることができます。

　それでは、最初にモデルの種類から学んでいきましょう。

1.1. モデルの種類

　モデル(Model)には数多くの種類(Types)が存在し、我々が現実世界(Real World)のメカニズムを理解するためのメンタルモデル(Mental Model)もその中に含まれます。現実世界とは、友人、家族、同僚、運転手、住んでいる街、購入する物、経済、スポーツ、政治などを指します。子供に何を話すか、朝食に何を食べるか、誰に投票するべきか、彼女をどこへ連れて行くかといった意思決定は、すべてメンタルモデルに基づいて決められています。

　コンピュータは、我々が想像し得るものは何でも簡単に作りだせるほど柔軟な仮装世界(Virtual World)を提供してくれます。もちろん、表計算ソフトウェアを用いて支出(Expense)を計算するスプレッドシート(Spread Sheet)のような簡単なモデルから、消費者市場や戦場のような動的なシステムを再現する複雑なシミュレーションモデルまで、様々なモデルを構築することが可能です。

1.2. 分析モデルとシミュレーションモデル

　「お気に入りのモデリングツールは？」という質問について大規模な組織の戦略担当者や販売予測担当者、ロジスティクス、マーケティング、又は経営管理者に対して尋ねることができたとします。すると最も多い回答はマイクロソフト社の Excel だと気付きます。Excel の明らかな利点は、どの会社のコンピュータにも搭載されており、極めて簡単に利用できることです。　また、Excel は拡張可能性が高く、スプレットシートの論理(Logic)がより複雑化した場合には計算式にスクリプト(Script)を書き加えて対応することができます。

　分析モデル(Analytical Model)とシミュレーションモデル(Simulation Model)との違いについて少し解説します。

図 1 Excel を用いたスプレッドシートの例

1.3. 分析モデル（Excel スプレッドシート）

　分析モデル(Analytical Model)の代表例はスプレッドシート(Spread Sheet)
です。スプレッドシートを用いたモデリングの技術は至ってシンプルであり、
ある特定のセルにモデルの入力値を入力すると、異なるセルに出力値が表示さ
れます。入力値と出力値は関数によって、また、より複雑なモデルではスクリ
プトによって関連付けられており、さらに、多様なアドオン機能を用いれば、
パラメトリック法、モンテカルロ法、最適化法などの実験を行うことができま
す。

　しかし、Excel 関数をベースにした分析モデルでは解析できない、あるいは、
簡単に見つけることが困難な問題も多数存在します。例えば、以下のような特
性を有する動的なシステムに関する問題です。

- 非線形の挙動(Non-linear behavior)

- 記憶(Memory)

- 変数間の非直観的影響(Non-intuitive influences between
  variables)

- 時間と因果依存関係(Time and causal dependencies)

- 上記の特性と不確実性(Uncertainty)や多数のパラメータが組み合わされたもの

　多くの場合、上記のような複雑なシステムでは正確な関数を得ることが不可能であり、ましてや、意思決定者のメンタルモデルまで考慮することは難しいことであります。

　ここで電車やトラック隊を最適化する問題を考えてみます。この問題では、輸送スケジュールや荷揚げ時間、荷降ろし時間、配送時間の制約、ターミナル収容可能数等の個々の要因が相互に依存し合って複雑な挙動を生み出し、Excel を用いたスプレッドシートでの分析を困難なものにしています。例えば、特定の場所、日付、時間においてある車両が利用できるかどうかは、過去の一連の出来事に依存しています。また、稼働していない車両をどこに向かわせるかという問いに回答するには、将来の一連の出来事を分析する必要があります。

　関数を用いたモデルは、一般的に変数間の静的依存関係(Static Dependency)を表現することには優れていますが、動的な挙動(Dynamic Behavior)を有するシステムを表現するには適していません。そこで、動的なシステムを分析するために、シミュレーションモデリング(Simulation Modeling)という別の技術を用います。

　シミュレーションモデルは実行可能(Executable)なモデルです。すなわち、モデルを実行すればシステムの状態変化に関する軌道(Trajectory)を与えてくれます。従って、シミュレーションモデルとは、システムが現在の状態から次の状態へどのように遷移するかを教えてくれる一連のルールとして捉えることも可能です。ここでいうルールは、微分方程式(Differential equation)やステートチャート(Statechart)、プロセス・フロー図(Process Flowchart)、スケジュール(Schedule)といった様々な形態をとります。シミュレーションモデルでは、モデルを実行すると出力(Output)が発生し、結果を観察することが可能なのです。

1.4.　シミュレーションモデル

シミュレーションモデルの構築には、モデルをグラフィカルに記述するにせよ、テキストで記述するにせよ、特定のシミュレーション言語を使用する特別なソフトウェアツールを用いるのが一般的です。修得には相当の時間を要しますが、ソフトウェアを使用することで動的システムに関する質の高い分析ができるようになります。

Excel 上級者であり、かつ、プログラミング経験があると自負している人は、動的システムのモデルをスプレッドシートで構築しようと試みます。彼らは、より詳細に設計しようとすればするほど、必然的に Excel のシミュレーション機能を用いてモデルを再現しはじめます。結果として構築されたモデルは実行速度が遅く、かつ、その扱いも難しいために、すぐに使われなくなってしまうことが多いのです。

仮想世界においては、部分の詳細について分析的モデルを用いて再現することは極めて困難です。　ある設定を導く関数があったとしても、わずかな変化が設定を無効にするため、設定を修正するには高度な数学の専門家が必要になってしまうからです。

1.5.　シミュレーションモデル構築の利点

シミュレーションモデルを構築する利点は主に以下の 6 つがあります。

1. シミュレーションモデルを使えば、数値計算や線形計画法では扱えないようなシステムを分析し、解決策を導出することができます。

2. 抽象度を適切に選択した後であれば、シミュレーションモデルの構築は分析モデル構築よりも単純な作業になります。作業要求は一般的に少なく、拡張的(Scalable)、段階的(Incremental)で、モジュール化(Modular)された作業を求められるだけです。

3. シミュレーションモデルの構造は必然的にシステムの構造を反映しています。

4. シミュレーションモデルでは、選択した抽象度より上のレベルの価値を測り、また、エンティティを追跡することができ、いつでも測定結果と統計分析を加えることができます。

5. シミュレーションの利点の一つは、時系列でのシステムの振る舞いをアニメーション化して動かせる機能にあります。アニメーションは人に見せるだけではなく、検証やデバッグ作業にも利用できます。

6. シミュレーションモデルは Excel のスプレッドシートよりもはるかに説得力があります。シミュレーション結果を使えば、数字だけを使って提案をする場合よりも優れた提案が可能になります。

1.6.　シミュレーションモデルの応用

　シミュレーションモデルには様々な応用先があり、数多くの分野において成功を収めています。新しいモデリング手法とテクノロジーの出現、さらには、コンピュータ処理能力の飛躍的高まりにつれて、シミュレーションモデルを構築することで問題を解決に導く場面はますます増えていくと予想されます。

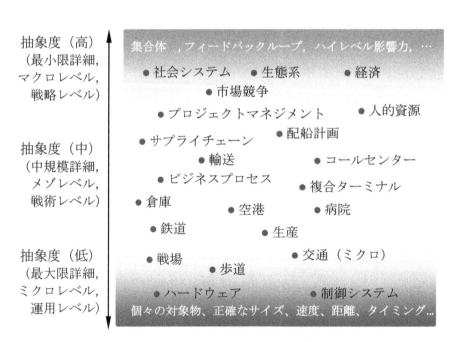

図 2 シミュレーションモデルの対象と抽象度

　図 3 は、シミュレーションモデルの対象をそのモデルの抽象度によって分類したものです。抽象度が一番低いレベルには、現実世界の対象をできるかぎり詳細に再現する物理モデルが分類されています。このレベルでは、物理的な相互作用や範囲、速度、距離、タイミングに注意を払います。自動車のアンチロック・ブレーキシステム、競技場からのサッカーファンの避難行動、信号機によって制御された交差点の交通量、戦場での兵士の交戦などは低い抽象度が要求されるモデル構築の例です。

　一番上には抽象度の高いモデルが位置しています。これらのモデルでは、個々のオブジェクトを扱うのではなく、消費者人口や雇用統計といった総体のみを扱います。オブジェクトは高いレベルで相互作用しており、中間レベルの過程をモデル化しなくても、例えば、企業の広告投資が売上にどのように影響するかといった関係性を示してくれます。

　中程度の抽象度のモデルには、例えば、病院の救急病棟をモデリングする場合があります。救急室から X 線室まで歩いてどのくらいかかるか知るためには物理的空間を考慮に入れますが、建物内は混雑していないと想定すれば、建物内の人々の身体的接触は無関係と考えることができます。また、ビジネスプロセスやコールセンターのモデルでは、オペレーションが発生している場所の状況そのものではなく、オペレーションの流れとその処理時間をモデル化します。さらに輸送モデルではトラックや車両の速さを入念に検討しますが、高レベルのサプライチェーンモデルでは発注してから到着するまでに 7 日から 10 日要すると仮定するだけです。

　モデリングを成功させるためには、正しい抽象度を選択することが極めて重要になります。選択した抽象度を基準にして、モデルの中に何を包含し何を排除するかを決めさえすれば、モデリング手法を選択することは難しいことではありません。また、モデル構築段階では、適切な抽象度を繰り返し検討することが普通で、むしろ、望ましいことです。多くの場合、高い抽象度でモデル構築を開始し、必要に応じて徐々に詳細を加えていきます。

1.7.　シミュレーションモデルを構築する3つの手法

　シミュレーションモデル構築の手法(Method)とは、現実世界のシステムをモデルの世界へとマッピングする際に用いるフレームワーク（General Framework)のことを指します。手法によって使用する言語の種類やモデル構築の条件が異なります。現在では、主に離散事象モデル、エージェントベースモデル、システムダイナミクスモデルの3つの手法が使用されています（図4）。

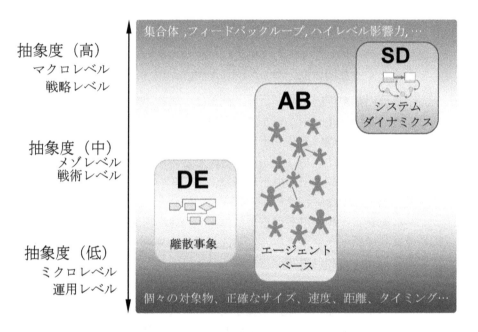

図3　シミュレーションモデル構築手法

　適用する手法は抽象度によって異なります。システムダイナミクスモデルは高い抽象度を想定し、一般的に戦略レベルでのモデル構築に使用されます。離散事象モデルは、中からやや低いレベルの抽象度のモデル構築に使用します。中間に位置するエージェントベースモデルでは、物理的対象をエージェントとする非常に詳細なモデルから、競合する企業や政府をエージェントとした抽象度の高いモデルまでを扱うことが可能な手法です。

　次に、モデル化する対象システムとモデル化の目的を十分検討した上で、慎重に手法を選択する必要があります。

今、モデル構築者がスーパーマーケットをどのようにモデル化するかという問題を考えているとします（図 5）。この場合、モデル構築者は顧客をエンティティ(Entity)とし、従業員を資源(Resource)として扱うプロセス・フロー図を構築することもできますし、広告やコミュニケーションによって影響を受ける消費者をエージェントとみなし、消費者と従業員との相互作用も含めたエージェントベースモデルとして構築することもできます。また、広告やサービスの質、価格、顧客ロイヤリティによって売上が影響を受けるフィードバック構造としてシステムダイナミクスモデルを構築することもできます。

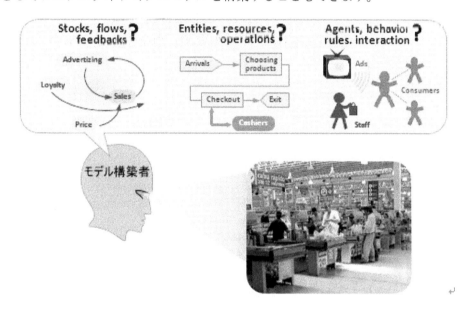

システムの一部にだけ異なるモデリング手法を用いることで最適なモデルを構築できる場合があります。マルチメソッドによるモデル構築アプローチを採用することで、要求を満たすモデル構築が可能になります。（Borshchev 2013）

1.8.　AnyLogic のインストールと認証

　AnyLogic 7 Professional のインストールはウィザードを用いて行います。
最初に www.anylogic.com から AnyLogic 7 をダウンロードし、下記のステップ
に従ってソフトウェアをインストールします。

1. AnyLogic を起動します。まだ認証されていない場合は **AnyLogic Activation Wizard** が自動的に表示されます。

2. **Activate AnyLogic** ページで **Request a time-limited Evaluation Key** を選択します。 **The key will be sent to you by e-mail** を選択し、**Next** をクリックします。

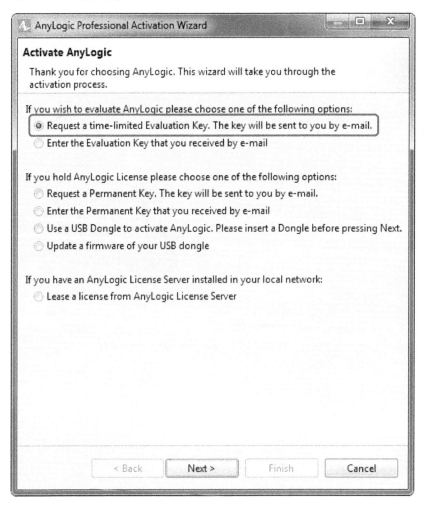

3. AnyLogic License Request ページで、個人情報を入力し、Next をクリックします。

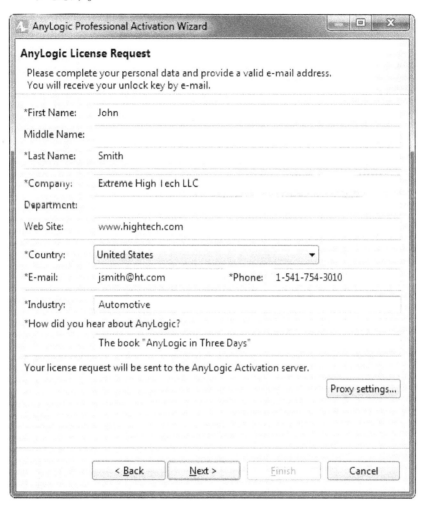

要請を送ると、確認メールが届きます。その後、電子メールで評価キー (evaluation key)を受理します。

4. 認証キー（activation key）を受理した後、AnyLogic activation wizard を開きます。最初のページで Enter the Evaluation Key that you received by e-mail を選択し、Next をクリックします。

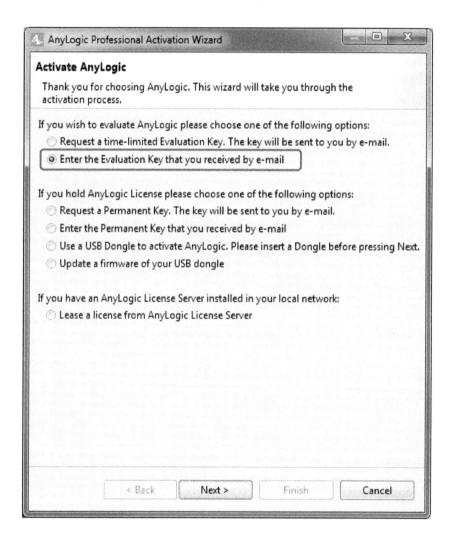

5. 受理した電子メールメッセージから認証キー(activation key)をコピーし、
Please paste the key here に貼り付け、Next をクリックします。

6. 製品が認証されたことを通知するメッセージを確認します。

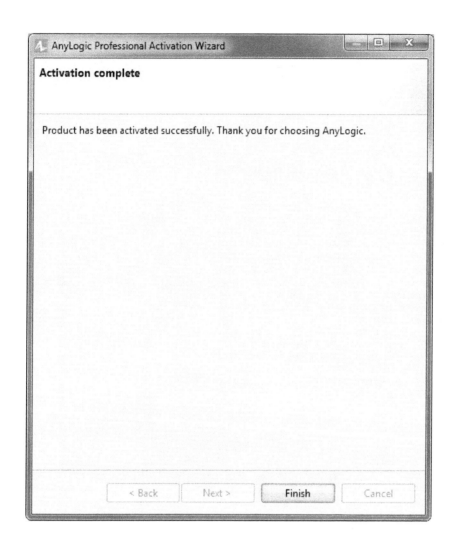

7. Finish をクリックします。

これで AnyLogic のインストールは完了です。

Part2 モデル構築編

2. エージェントベースモデル (Agent-based Modeling)

エージェントベースモデリング(Agent-based Modeling: ABM)は、システムダイナミクス(SD)や離散事象シミュレーション(DES)と比べて新しい手法です。2002〜2003 年頃に実務者がシミュレーションを目的として ABM を使い始めるまで、主に学術的な範疇に属する手法でした。ABM が急速に普及した誘因として以下が挙げられます。

- 伝統的なモデリングのアプローチでは決して把握できない、システムに対するより深い洞察を得ようとするニーズ

- コンピュータ科学によるモデリング技術の進歩（オブジェクト指向のモデリング、UML (Unified Modeling Language) など）

- CPU 電力とメモリーの急速な発達（エージェントベースモデルはシステムダイナミクスや離散事象モデルより多くの CPU を必要とします）

ABM はシステムに対する全く別の視座を提供します。例えば、システム全体の振る舞いや鍵となる変数や変数間の依存性、プロセスの流れについて十分理解できていない場合です。システム内に含まれる個々のオブジェクトの振る舞いについて多少の知見を有していれば、オブジェクト（エージェント）を明らかにし、オブジェクトの振る舞いを定義することでモデルを構築していくことが可能です。後に、エージェント同士を相互作用させる場合もあれば、独自のダイナミクスにより働く環境に置く場合もあります。多くの個人が同時に行っている行為の結果の総体として、システム全体の振る舞いが決定します。

エージェントベースモデリングには基準となる記述言語はなく、モデルの構造はグラフィカルな編集により行うか、あるいは、スクリプトによる記述が中心となります。エージェントの振る舞いは多くの方法で特定できます。エージェントには状態の概念があり、エージェントの行動や反応はその取りうる状態によって決まります。 しかし、特別なイベントが発生した場合に実行される

ルールに従ってエージェントの振る舞いを決定するような記述の仕方も可能です。

多くの場合、システムダイナミクス、あるいは、離散事象のアプローチでエージェント内部の動的な振る舞いを分析し、ストック・フロー図、又は、プロセス・フロー図で表現します。同様にエージェントを取り巻く環境のダイナミクスは既存の方法で問題なくモデル化できます。エージェントベースモデルの多くが複数の手法を統合的に用いるのはそのためです。

エージェントベースモデルのエージェントは、乗り物、設備ユニット、プロジェクト、製品、アイデア、組織、投資、土地、様々な職種の人々等が考えられます。

異なる職種の人々:
消費者、市民、従業員、患者、
ドクター、顧客、兵士、…

機器、車両:
トラック、自動車、クレーン、
航空機、鉄道車両、機械、…

非物質的なもの:
プロジェクト、製品、技術革新、
アイデア、投資、…

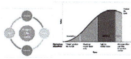

組織:
会社、政党、国々、…

アカデミックな世界では、どのような特性を持ったオブジェクトをエージェントと呼ぶべきかについて未だに議論しています。すなわち、エージェントは主体的なのか受動的なのか、空間認知、学習能力、社会生活能力、知性を持ち合わせるべきかという議論です。しかし、エージェントベースモデリングの応用分野では既に様々な種類のエージェントが存在します。相互にコミュニケーションするエージェントもいれば完全に孤立したエージェントもいます。また、空間を有するエージェントもいれば、空間を有しないエージェントもいます。さらには、学習するエージェントもいれば、全く行動パターンを変化させないエージェントもいます。

最後に、エージェントベースモデリングに関してよく誤解される事柄について少し解説しておきます。

- エージェントはセルオートマンとは異なります。従って、人生ゲームのマス目のような離散空間内で必ずしも行動する必要はありません。多くのエージェントベースモデルでは空間が存在しません。空間が必要なのは、連続的で、地図や施設のフロア計画を再現するような場合です。

- 必ずしも人がエージェントではありません。乗り物、装置、プロジェクト、アイデア、組織、そして投資案件でさえもエージェントになります。機械をアクティブオブジェクトとしてモデル化し、それらの相互作用でスチールを生産する転炉鋼プラントは、エージェントベースモデルです。

- 受動的なオブジェクトでもエージェントになり得ます。排水網の各区分をエージェントとしてモデル化した場合、メンテナンス、交換スケジュール、費用、故障などのイベントを関連付けることができます。

- エージェントベースモデルのエージェントは多数存在する場合もありますし、ほとんど存在しない場合もあります。エージェントは同じタイプかもしれませんし、違うタイプかもしれません。

- 相互に干渉しないエージェントを持つモデルも存在します。例えば、医療経済の分野におけるアルコール使用、肥満、慢性疾患のモデルでは、個人の振る舞いが個人のパラメータにのみ、あるいは環境にのみ存在するようなモデルを構築することがあります。

2.1 マーケットモデル

新製品の市場浸透を理解するための消費者市場モデルを構築します。今回は消費者をエージェント（Agent）として捉え、エージェントベースモデリングによりモデルを構築します。人間の意思決定には通常何らかの確率過程が介在するものなので、消費者市場のシミュレーションはエージェントベースモデリングの典型的な応用先となります。

今回の消費者市場モデルに関して、前提条件として以下を仮定します。

- ある市場にある製品を使用していない人（潜在的購入者）が 5000 人存在し、広告や口コミ効果により最終的には購入へと導くことを可能にします。

Phase1.　エージェント集団の作成

製品の廃棄やエージェント同士の情報交換を考慮しない単純なモデル、すなわち、広告のみによる製品購入モデルを構築します。初期条件として消費者はまだ製品を購入していない状態で、全ての消費者が潜在的に製品購入に関心を持っている状態と仮定します。この状態の消費者を潜在的購入者 *Potential Users* と呼ぶことにします。また、広告は製品需要を喚起する効果があるものとし、広告により製品購入へと行動を移す潜在的購入者の割合は広告効果（*Advertising effectiveness = 0.01*）によって決定するものとします。

AnyLogic を起動して *Welcome* ページを表示します。

Welcome ページは、AnyLogic の紹介です。AnyLogic のプログラムや機能の概要を説明し、サンプルモデルを開くことができます。

Welcome ページ

1. *Welcome* ページを閉じてモデルを新規に作成します。AnyLogic のメインメニューから File ＞ New ＞ Model を選択すると New Model ウィザードが表示されます。

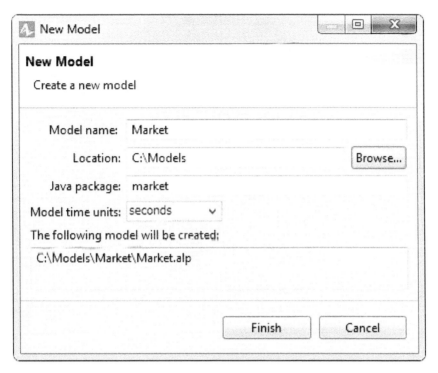

2. Model name に *Market* と入力し、新しいモデル名とします。

3. Location ではモデルを新規に作成するフォルダを選択できます。Browse ボタンをクリックし、フォルダを参照、保存先を入力することができます。

4. Finish をクリックします。

AnyLogic のインターフェイスを簡単に紹介します。

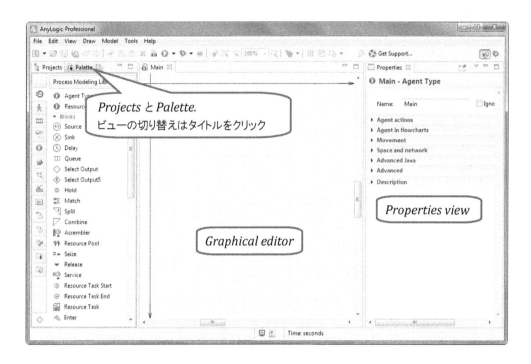

AnyLogic ワークスペース

- グラフィカルエディタ (*Graphical editor*)
  エージェントタイプを編集できます。モデル要素を Palette からダイアグラムへドラッグして追加できます。エディタ上でドラッグすることで位置を調整できます。エディタ上に表示されている青く濃い矢印の内側に要素を配置することで、実行したときにモデル・ウィンドウ内に表示できます。

- プロジェクト・ビュー (*Projects view*)
  ワークスペースに開いた AnyLogic モデルに対するアクセスを提供します。また、ワークスペースのツリーは容易にモデルをナビゲートできます。

- パレット・ビュー (*Palette view*)
  モデル構築に用いる要素をグループ毎に表示します。モデルに対して要素を追加するためには、パレットからグラフィカルエディタ上へ、要素をドラッグします。

- プロパティ・ビュー (*Properties view*)
  選択された項目のプロパティを確認して変更することができます。

- ビューの表示・非表示の設定は AnyLogic のメインメニューから View を選択し、対応する項目を選択してください。項目が選択されていればビューは表示されているはずです。

- ビューの境界線をドラッグすることで表示領域を拡大・縮小できます。

- メインメニューの Tools から Reset perspective を選択することで、いつでもインストール時の表示に戻すことができます。

5. モデル構造を確認するために **Projects** ビューを開きましょう。ワークスペース左側にある **Palette** ビューと **Projects** ビューを確認します。**Projects** タブをクリックして **Palette** ビューから **Projects** ビューに切り替えます。

プロジェクト*(Projects)*ビューによるモデルのナビゲート

- **Projects** ビューはワークスペースに開いた AnyLogic モデルに対するアクセスを提供します。また、ワークスペースのツリーは容易にモデルをナビゲートします。

- AnyLogic はモデルの表示にツリー構造を使用します。トップレベルはモデルです。次のレベルにはエージェントタイプやエクスペリメントを表示します。さらに次のレベルには上位を構築する要素を表示します。

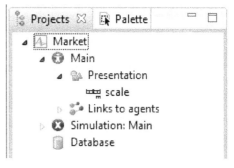

- 新規に作成したモデルはエージェントタイプ（⚫Main）とエクスペリメント（✖Simulation）、データの読み込みや結果の出力用のビルトインデータベース（🗄Database）が 1 個ずつです。

- エージェントタイプやエクスペリメントをダブルクリックすることで、それぞれのダイアグラムをグラフィカルエディタに表示します。

- ツリー上でエレメントをクリックし選択します。エレメントをダブルクリックするとグラフィカルエディタの中心に表示します。グラフィカルエディタに表示されたダイアグラムから要素を見つけられない場合、ツリーを操作すると便利かもしれません。

グラフィカルエディタにエージェントタイプ（*Main*）の何も配置されていないダイアグラムが表示されていることを確認します。

エージェント

- エージェントはモデルの基本部品です。現実世界のオブジェクトをモデル化するのに使用します。エージェントは、例えば組織、会社、トラック、加工場、リソース、都市、販売業者、実体、制御装置などです。

- エージェントはモデル論においてそれぞれ特徴を持っています。さらに詳細なレベルに分解することもできます。

  本モデルはエージェントタイプ（*Main*）を持っています。消費者をモデル化するために、消費者のエージェントタイプを作成し、そのエージェントタイプのインスタンスから成るエージェント集団を作成していきます。AnyLogic では、便利な New agent ウィザード使用できます。

6. モデルに新しい部品を追加するために、🖰 Palette タブをクリックして Palette ビューに切り替えます。

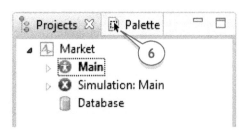

7. Agent パレットを開きます。特定のパレットを確認するためには、ビューの縦に並んでいる操作パネルにマウスを重ねます。

8. 操作パネルにマウスを重ねると、パレットの名前が確認できるサイズに拡大されます。リストから⊕Agent パレットを選択します。

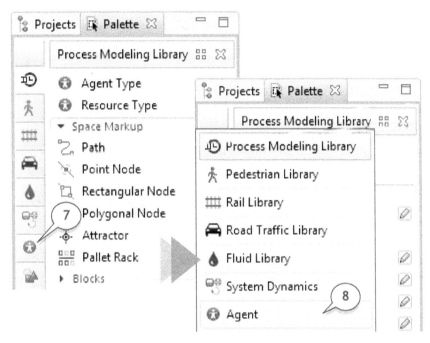

アイコンの状態でパレットが判断できるようになると、操作パネルを拡大しなくても選択できます。

9. Agent パレットから⊕Agent を *Main* ダイアグラムにドラッグすると、New agent ウィザードが開かれます。

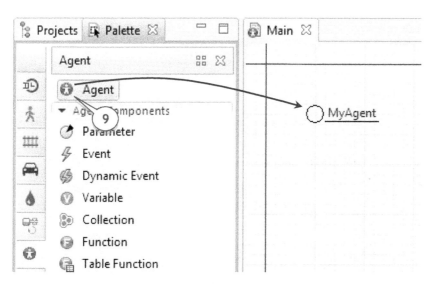

10. Step 1. Choose what you want to create ページから、必要に応じたオプションを選択します。本モデルでは同じタイプで多数のエージェントを作るため、Population of agents を選択します。

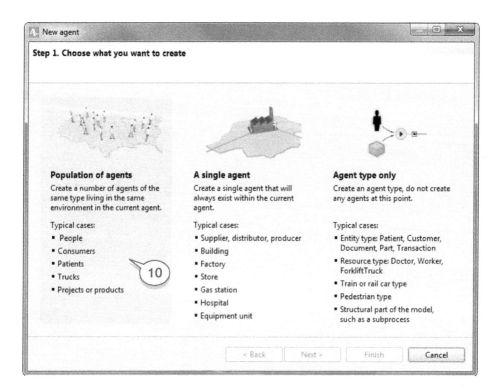

11. Step 2. Creating new agent type ページでは Agent type name に *Consumer* と
　　入力します。Agent population name は自動的に *consumers* と変更されます。

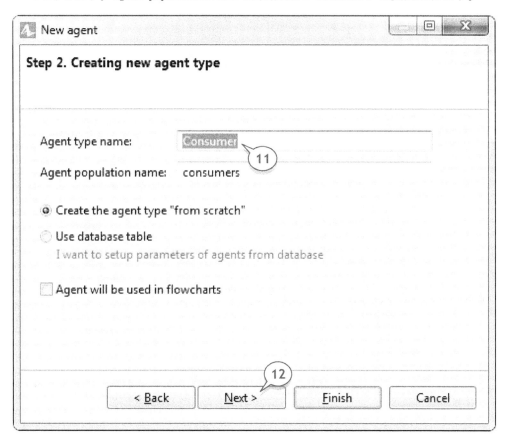

12. Next をクリックします。

13. Step 3. Agent animation ページではエージェントのアニメーション図形を
選択します。ここでは立体表示をしないシンプルなモデルを作るので、
Choose animation に 2D を選択しリストから General エリアの Person を選択
します。Next をクリックします。

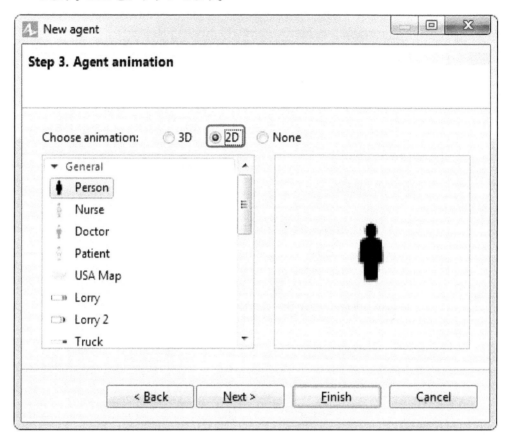

14. Step 4. Agent Parameters ページではエージェントのパラメータを設定し、特徴を持たせます。

この章では広告のみによる製品購入モデルを作るので、広告効果による製品購入者の割合（1 日毎）を定義するためにパラメータ（*AdEffectiveness*）を追加します。

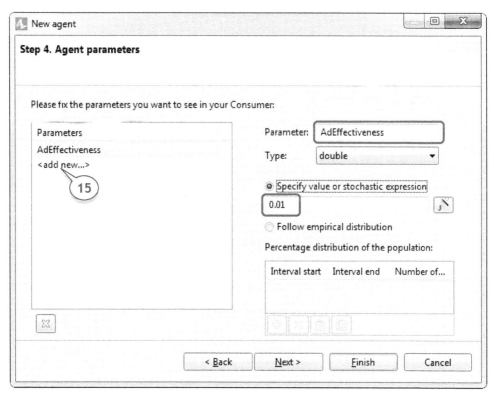

15. 左の Parameters テーブルにある<add new…>をクリックし、パラメータを追加します。

16. 右に表示された Parameter に *AdEffectiveness* と入力し、Type は double を選択します。潜在的購入者の 1%が製品を購入すると仮定し、Specify value or stochastic expression に *0.01* と入力します。

17. Next をクリックします。

18. Step 5. Population size ページでは Create population with … agents に *5000* と入力し、*Consumer* 型のインスタンスを 5000 生成します。集団内の個々のインスタンスは特定のエージェント（消費者）をモデル化します。

これまでにエージェント集団を作成しましたが、5000 人分のアニメーション図形 *Person* を *Main* ダイアグラム作成するには手間がかかります。そこで、5000 人分のエージェントをまとめた *consumers* を使って市場をシミュレーションし、モデル実行中に確認できるようにします。

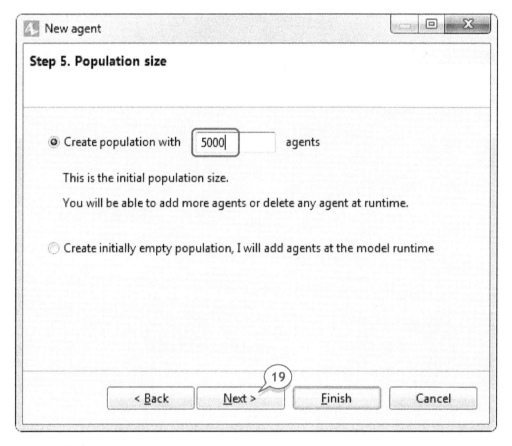

19. Next をクリックします。

20. Step 5. Configure new environment ページは変更せずに、Space type が Continuous、Size の幅と高さが *500* であることを確認します。既定の設定では、500×500 ピクセルの正方形の中にエージェントを表示することを意味します。

21. Apply random layout チェックを選択すると、設定した空間にランダムにエージェントを配置します。エージェント間のネットワークは作成しないので、Network type は No network/User-defined のままにします。

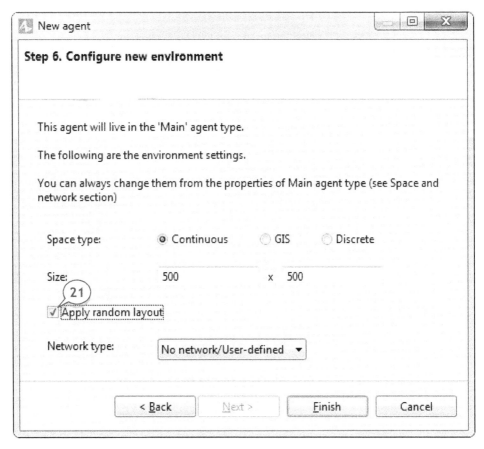

22. Finish をクリックします。

23. ウィザードで作成した要素を確認するために 🔖Projects ビューを使って、モデルツリーを展開していきましょう。

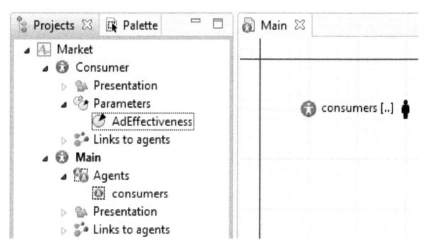

モデルにエージェントタイプ *Main* と *Consumer* が確認できます。

- エージェントタイプ *Consumer* は、アニメーション図形 *person*（Presentation 以下）とパラメータ *AdEffectiveness*（Parameters 以下）を持っています。

- エージェントタイプ *Main* にはエージェント集団 *consumers*（5000 人の *Consumer*）が追加されました。

エージェントの環境

Main エージェントは *consumers* 集団の環境として作用します。環境とは空間やレイアウト、ネットワーク、エージェント間のコミュニケーションを定義します。本モデルでは、「口コミ効果」をモデル化するために環境が必要となります。

24. Projects ビューから *Main* エージェントを選択し、Properties ビューを確認します。（Properties ビューは AnyLogic の初期状態ではウィンドウ右側に表示されています。）

Space and network セクションで *consumers* エージェント集団の環境を調整できます。

プロパティ *(Properties)* ビ
ュー

- Properties ビューは要素のプロパ
ティを状況に沿って表示します。

- グラフィカルエディタや Projects
ビューから要素を選択し、表示さ
れた Properties ビューを変更する
ことで、要素のプロパティを修正
します。

- Properties ビューには複数のセク
ションがあります。セクションの
タイトルをクリックすることで展
開・縮小できます。

- 選択された要素の名前とタイプは
最上部で確認できます。

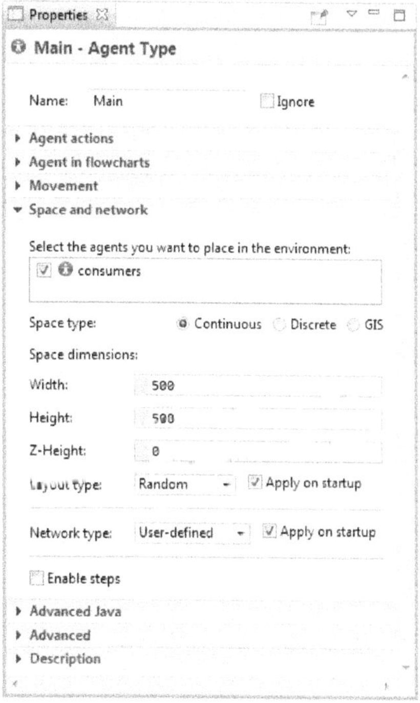

25. *Main* ダイアグラムでエージェント集団のアニメーション図形🚶（編集不可）
を選択します。Properties ビューの Advanced セクションを展開し Draw
agent with offset to this position チェックを選択します。

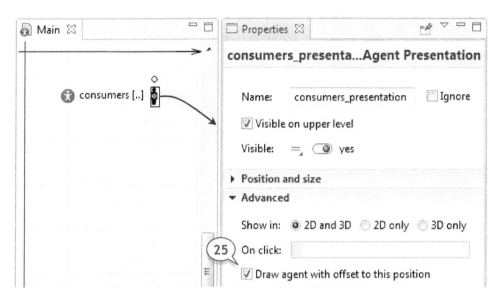

設定が完了したら下図のようになります。アニメーション図形は先に定義した
500×500 ピクセルの空間の左上起点を定義します。モデルを実行すると空間
内にエージェントが表示されます。

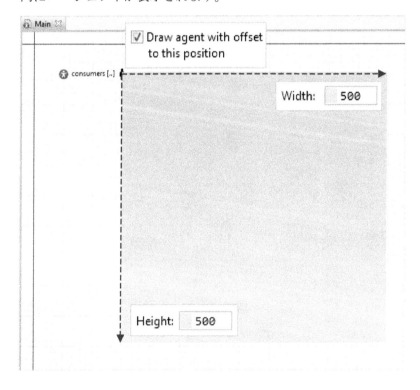

ここまででシンプルなモデルの作成は完了です。モデルを実行しモデルの挙動
を確認することができます。

26. ツールバーにある ![Build] Build ボタンをクリックすると、モデルをビルドし
てエラーがないか確認できます。

27. ![Run] Run ボタンの右側にある小さな▼ボタンをクリックします。実行可
能なエクスペリメントが選択可能です。リストから ⊗Market / Simulation
を選択します。

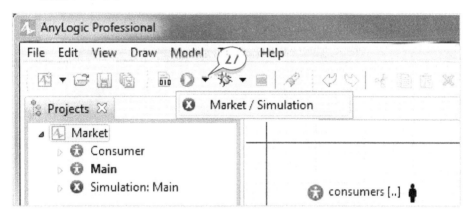

複数のモデルを同時に作業できる（もしくは、一つのモデルに複数のエクスペ
リメントが含まれる）ため、正しいエクスペリメントを選択してください。

モデルを実行すると、プレゼンテーション・ウィンドウには選択したエクスペ
リメントのシミュレーションが表示されます。既定のままですとプレゼンテー
ション・ウィンドウにはモデルの名前と Run ボタンが表示されます。

28. Run ボタンをクリックし、シミュレーションを実行します。

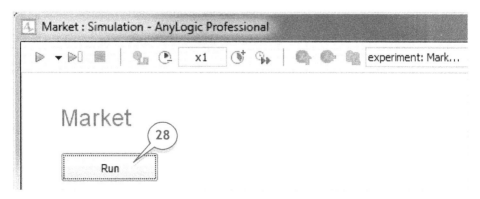

Main エージェントに作成した、消費者集団を示す 5000 人のエージェントの活動が表示されます。エージェントの振る舞いを作成していないので、アニメーションは静止したままです。

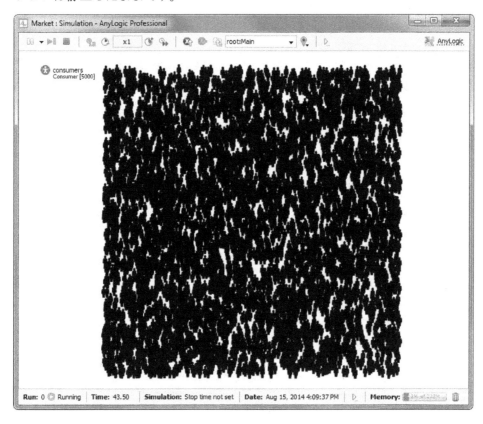

モデル・ウィンドウのステータスバー

- モデルが実行中であることを確認するためには、モデル・ウィンドウ下のステータスバーを確認します。

- ステータスバーにはモデルのシミュレーション状況（実行中、一時停止中、待機もしくは完了）、モデル内時間、モデル内日時などが表示されます。

- ボタンをクリックし、ポップアップされるリストを用いて、ステータスバーをカスタマイズできます。

AnyLogic のプレゼンテーション・ウィンドウ（Presentation window）上部のツールバーを利用して、モデル実行を操作することができます。

モデルの実行と操作

Run from the current state

［モデルが実行されていないときに表示］シミュレーションを開始

シミュレーションが一時停止された場合、それを再開

Step

1 モデル・イベントを実行し、モデルの実行を一時停止

Pause

［モデルが実行されているときに表示］シミュレーションを一時停止

いつでも再開することが可能

Terminate execution

現在のモデル実行を終了

29. 消費者のロジックを定義する準備ができました。モデル開発に戻るためにプレゼンテーション・ウィンドウを閉じてください。

Phase 2. 消費者の振る舞いを定義

Phase1 に引き続き、消費者の特徴と振る舞いを定義していきます。振る舞いを定義するのに最も適した手法は状態遷移図（Statecharts）を用いることです。

状態遷移図（Statecharts）

- 状態遷移図はイベント発生や時間経過に伴う振る舞いを記述するための手法です。時系列で発生するオペレーションの振る舞いに変化を再現するのに適しています。

- 状態遷移図は状態（State）と遷移（Transition）で構成されます。遷移はユーザーが定義した条件（タイムアウト、割合、ステートチャートが受信したメッセージ、ブール条件）で発生します。遷移が実行されると状態の変化が発生します。状態遷移図は階層構造（状態や遷移を含んだ複合状態）を有する場合があります。

- 一つのエージェントが複数の独立した状態遷移図を持つ場合もあります。

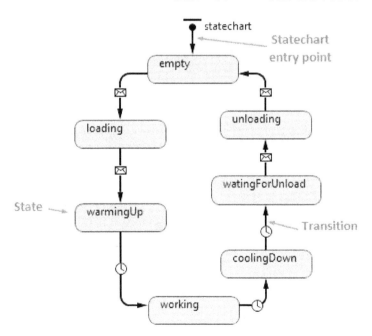

消費者の行動を 2 つの状態を持ったシーケンスとして定義します。

- 状態（*PotentialUser*）の消費者は製品を購入する可能性があります。

- 状態（*User*）の消費者はすでに製品を購入しています。

1. Projects ビューから *Consumer* エージェントをダブルクリックし、*Consumer* ダイアグラムを開きます。グラフィカル・エディタ上で濃い矢印の交点に表示されたアニメーション図形と、パラメータが確認できます。

編集中のエージェントタイプを確認するには？

ここでのモデルには2つのエージェントタイプがあります。グラフィカルエディタでどちらを編集しているのか確認する方法を説明します。

- AnyLogic は、グラフィカルエディタに開かれているエージェントタイプのタブを選択しています。同時にツリーでも編集中のエージェントタイプを強調表示しています。（下図参照）

- タブ名（例として下図の *Main* や *Consumer*）をクリックして別のエージェントタイプへ切り替えることができます。

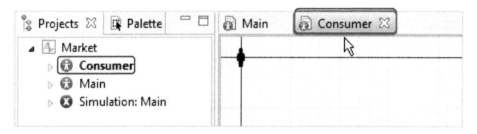

2. ステートチャートの作成を、2つの状態を配置することから始めます。Statechart パレットを開きます。

3. Statechart パレットから Statechart Entry Point をドラッグし、*Consumer* ダイアグラムに配置します。ステートチャートの作成は Statechart Entry Point を追加することから始めます。Statechart Entry Point はステートチャートの始まりとステートチャートの名前を定義します。

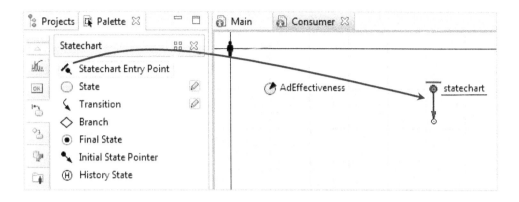

- ＜注意＞見た目が似ているため、Statechart entry point と Initial state pointer や Transition を混同しないようにしてください。

AnyLogic が Statechart Entry Point を赤くハイライトしていることが確認できます。それは、Statechart Entry Point がどの State にも接続されていないことを意味します。この状態ではステートチャートは無効です。

ステートチャートに消費者の初期状態を追加します。

4. Statechart パレットから◯State をドラッグし、グラフィカルエディタに配置します。先に配置した Statechart Entry Point と接続します。

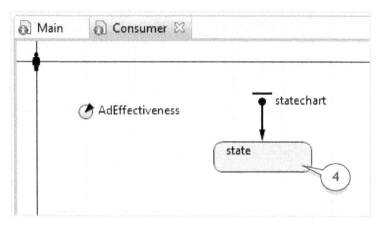

- Main ダイアグラムではなく、Consumer ダイアグラムでステートチャートを作成していることに気を付けてください。

5. グラフィカルエディタで State を選択し、プロパティを変更します。State の名前は *PotentialUser* とします。

6. Fill color コントロールを使って、State の色を *lavender* に変更します。

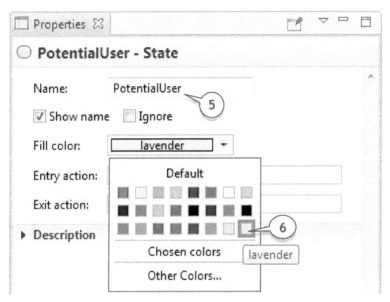

7. Entry action に次の Java コードを入力します。
    shapeBody.setFillColor(lavender)

コード入力の補助

- 変数や関数の入力支援として、コード入力の補助があります。コード入力の補助を開くには、edit box 内の任意の位置をクリックして、Ctrl+Space（MacOS：Alt+space）を押します。ポップアップ・ウィンドウは与えられたコンテキストで利用可能なモデル要素（変数、パラメータ、関数など）をリスト表示します。

- 追加したい要素までスクロールするか、リストに表示されるまで、要素の文字を入力します。Enter を押して要素を edit box に挿入します。

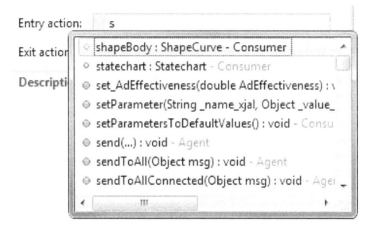

消費者が異なる状態に遷移した場合、Entry action が実行されます。先ほど入力した Java コードは、消費者アニメーション図形の色を変えて状態が遷移したことを表します。

shapeBody は New agent ウィザードで決定した消費者アニメーション図形の名前です。（Projects ビューの Projects ツリーで *Consumer* エージェント＞Presentation を展開すると、*person* グループ内に *shapeBody* が確認できます。）

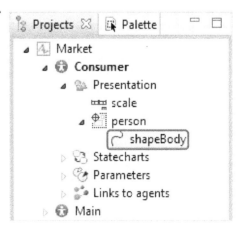

これから *shapeBody* の関数を使用します。要素の関数にアクセスするには、要素名（*shapeBody*）に続けてドットを入力します。その後、関数名を入力するか、コード入力の補助を利用してリストから選択します。*setFillColor()* は図形用の標準的な関数の一つです。*setFillColor()* は動的に図形の塗りつぶし色を変更できます。*setFillColor()* の引数は変更する新しい色を指定するだけです。

8. 消費者のステートチャートに State をもう一つ追加します。

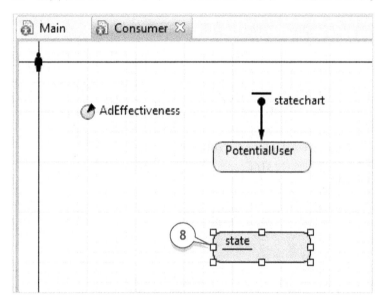

9. State のプロパティを次のように設定します。

Name: *User*

Fill color: *yellowGreen*

Entry action: *shapeBody.setFillColor(yellowGreen);*

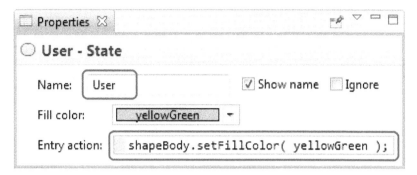

10. 潜在的な購入者がどのように製品を購入し、製品ユーザーになるのかをモデル化するために、*PotentialUser* から *User* に遷移を描きます。Statechart パレットの Transition をダブルクリックし（アイコンが に変化し、描画モードになります）、*PotentialUser*、*User* の順にクリックします。

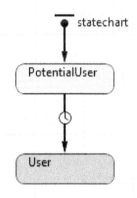

    ◆ transition を states と確実に**接続してください。接続できていない場合** AnyLogic **は赤くハイライト表示します。**

11. Transition の名前を *Ad* と入力し、「広告効果」表現します。

12. Show name チェックを選択するとグラフィカルエディタに名前が表示されます。

13. *PotentialUser* から *User* へ描いた Transition は広告の効果で消費者が製品を購入する様をモデル化します。Triggered by リストから Rate を選択しま

す。Rate には *AdEffectiveness* と入力し、右側のリストから per day を選択します。

Transition に重ねて表示されているアイコンが🕐から⌐へ変化したことが確認できます。これは Transition の *trigger type* が変化したことを意味します。

Transition のアイコンや名前を移動する場合、まず Transition を選択し、次にマウスでドラッグして移動します。

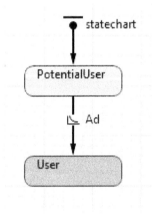

遷移のトリガータイプ

様々なイベントは遷移のトリガーになります。トリガータイプとそのアイコンを紹介します。

遷移の トリガー	説　明
Timeout 🕐	特定の状態がスタートした瞬間からカウントされ、特定時間経過したら遷移が発生します。Timeout は確率論的または確定的です。 主な用途 Delay：特定時間待機した後遷移する。 Timeout：特定時間間隔内で他のイベントが発生しない場合遷移する。
Rate 📉	既知の平均時間で散発的な遷移をモデル化するために使われる。Timeout と同じように遷移を起こしますが、時間間隔はパラメータとして指定された指数分布の割合で設定されます。例えば、Rate が 0.2 の場合、1/0.2=5 タイムユニットの中間値で遷移します。
Condition ❓	指定されたブール条件を監視し、*true* になる場合遷移します。条件は任意のブール式で、モデル内の部品の状態で判断することもできます。モデルでイベントが生じた場合にだけ評価されることに注意してください。遷移が発生すべき瞬間を逃さない為には、エージェントに周期的なイベントを発生させる要素を追加し、ブール条件が *true* になる瞬間を常に監視すべきです。
Message ✉	他のエージェントからの Message で判断します。Message は人々や、機械操作によるコミュニケーションをモデル化します。プロパティに定義したメッセージと一致したら遷移が発生します。
Arrival 🏁	エージェントが目的地に到着したら遷移します。エージェントの移動が関数 *moveTo* ()により開始された場合のみ遷移することに注意してください。

本モデルの遷移は特定の割合で発生します。ステートチャートの初期状態は *PotentialUser* であり、継時的に変化する指数分布により遷移します。消費者

ごとに購入を決断するまでの時間は異なりますが、毎日平均 1%の潜在的購入者が購入すると仮定します。

14. モデルのタイムユニットを設定します。モデルの設定を変更するには、Palette ビューを Projects ビューに切り替え、Projects ツリーからモデル（ツリーの最上部にある ⚠Market）を選択します。Properties ビューを確認し、Model time units.に *days* を選択します。

```
┌────────────────────────────────────────────────────────┐
│ □ Properties ☒                          🖊  ▽  ▭  □   │
├────────────────────────────────────────────────────────┤
│ ⚠ Market - Model                                   ▲   │
│                                                        │
│   Name:           Market                               │
│                                      ╭────╮            │
│   Model time units:  days      ▼  ◁──┤ 14 │            │
│                                      ╰────╯            │
└────────────────────────────────────────────────────────┘
```

モデル時間　モデル単位時間

- *Model time* は AnyLogic のシミュレーション・エンジンが処理し続ける仮想の（シミュレートされた）時間です。モデルをリアル・タイム・モードで実行できますが、*Model time* は実時間や、コンピュータの時間とは関係ありません。

- *Model time* とモデルの世界の時間と現実世界の時間を関連付けるために、モデルの *time units* を定義します。モデルのシミュレーション継続時間を考慮して最も適した *time units* を選択する必要があります。

  例として、多くの歩行者モデルでは「秒」を選択します。また、多くの生産サービスモデルでは「分」を選択します。しかし、システムダイナミクスで構築されたモデル（グローバルな経済学や、社会および生態学モデル）では「月」や「年」を選択するかもしれません。

15. モデルを実行します。消費者の集団が緑色に変化していきます。色の変化は広告効果により製品を購入したことを意味します。最終的には全消費者が製品を購入します。

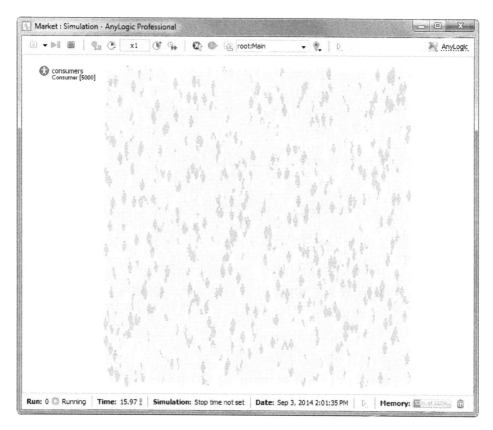

広告効果により製品を購入すると状態は *User* になります。*User* の Entry action が実行され、アニメーション図形の塗りつぶし色は *yellowGreen* に変化します。より多くの消費者が製品を購入するとともに、アニメーション図形は徐々に緑色へと変化していきます。

モデルの実行モード

リアル・タイム（*real time*）、及びバーチャル・タイム（*virtual time*）モードで AnyLogic のモデルを実行することができます。

- リアル・タイム・モードでは、実時間の 1 秒を選択された Time units とします。現実に即してアニメーションを表示させたいときは、一般的にリアル・タイム・モードを使用します。

- バーチャル・タイム・モードでは、モデルは最高速度で実行されます。長期間のモデルをシミュレートする必要がある場合に便利です。Time units と天文学的な時間の秒との関係を定義する必要はありません。

リアル・タイム・モードでは、モデルのシミュレーション速度のスケールを変更して、モデルの実行速度を増減できます。例えば **x2** は、モデルが指定されたモデル速度より 2 倍速く実行されることを意味します。

モデル実行速度を制御するには Time scale ツールバーを使用します。

16. ツールバーの Slow down ボタンや Speed up ボタンをクリックすると、モデルの実行速度を調整できます。速度を *10x* に増加させると、消費者が緑色に変化する速度が速くなります。

Phase 3. モデル出力を視覚的に表現するチャートを追加

シミュレーションの結果として製品を購入する消費者の数を確認するため、製品の潜在的購入者と購入者の数を動的に表現するチャートを追加し設定を行います。

1. 最初に、潜在的購入者の数を数える関数を定義します。エージェントの統計を収集する新しい関数を追加するには、*Main* エージェントタイプをダイアグラムに表示して、エージェント集団の *consumers* を選択します。*consumers* の Properties から Statistics セクションを表示します。

2. ⊕ Add statistics ボタンをクリックします。

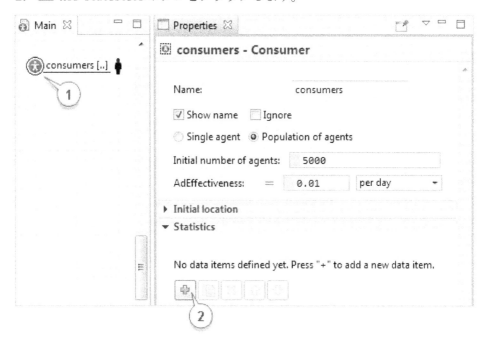

どれだけのエージェントが *PotentialUser* の状態であるか、測定する方法を決定します。

3. Count タイプの関数（Name は *NPotential*）を定義します。Count タイプは与えられた集団（本モデルではエージェント集団の *consumers*）内をループ処理して選択された条件を満たすものをカウントします。

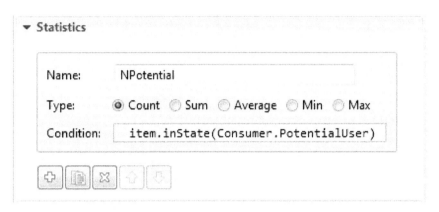

4. 関数の Condition に *item. inState(Consumer. PotentialUser)* と入力します。

   - *item* はループ処理中にチェックされるエージェントを意味します。

   - *inState()* は指定されたステートチャートの State が有効かどうかチェックする関数です。

   - *PotentialUser* はエージェントに定義された State の名前です。ゆえに、エージェントタイプの名前（*Consumer*）が接頭語として必要です。

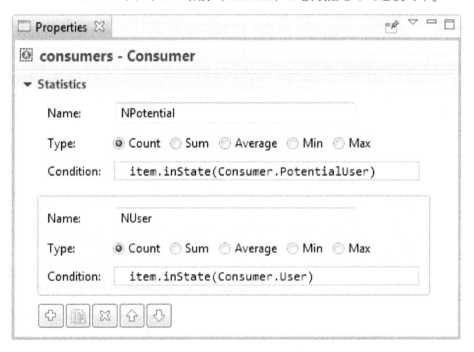

5. 製品購入者を計算する、二つ目の統計関数を定義します。Name を *NUser* と入力し、エージェントの数をカウントさせるために、Condition に

   item.inState(Consumer.User) と入力します。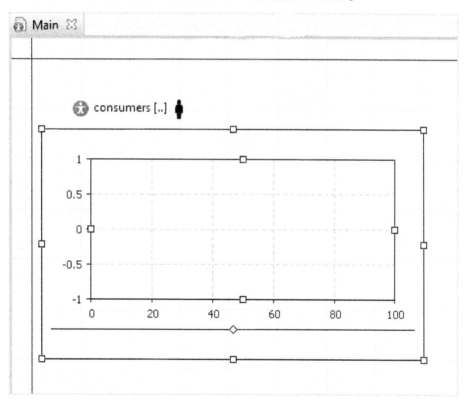 Duplicate ボタンをクリックすると他の統計関数をコピーすることができます。

これまでに定義した統計関数を用いて製品の潜在的購入者と購入者の数を動的に表現するチャートを追加します。

6. Analysis パレットを開き Time Stack Chart を *Main* ダイアグラムへドラッグします。下図のようなチャートが追加されます。

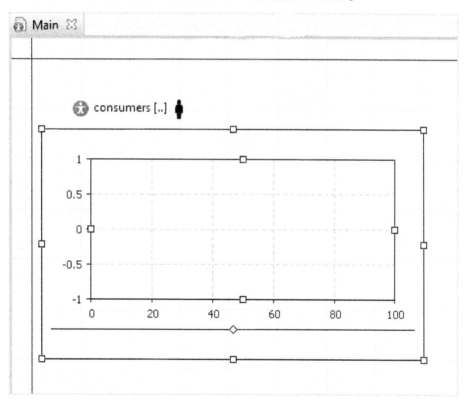

チャート

AnyLogic にはモデルが作成するデータを視覚化するためにいろいろなチャートが用意されています。Analysis パレットの Charts セクションで確認できます。

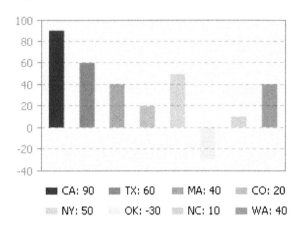

棒チャート

縦棒で表記されたチャート。棒のサイズがデータのサイズに比例しています。

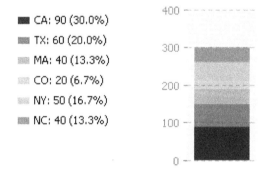

スタックチャート

積み上げチャートとして合計に対し各値が占める割合を表示します。

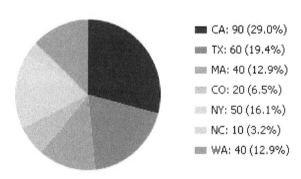

円グラフ

合計に対し各値の割合を表示。弧は、対応するデータ項目値に比例します。

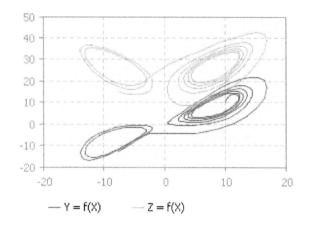

プロット

プロットは、状態図の役割を
果たします。データセットは
それぞれ 1 セットのペア値
〈x, y〉です。プロットは、対
応する X 値に対してプロット
されたデータセットの Y 値を
表示します。X 値は X-axis、
Y 値から Y-axis にマップさ
れます。プロットはいくつか
のデータセットを同時に表示
することができます。

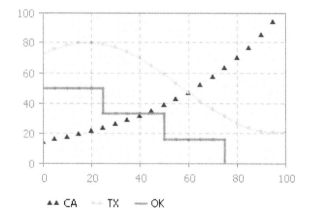

時間プロット

経時変化を示すデータ値を表
示します。タイプ別に線、点
線で描かれます。

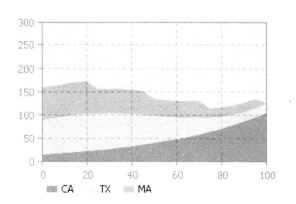

タイムスタックチャート

対象期間内のデータの経時変
化を表示します。値は底部か
ら順に挿入され上部に積まれ
ていきます。

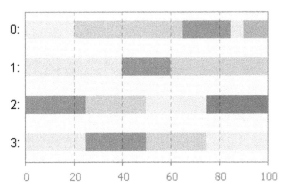

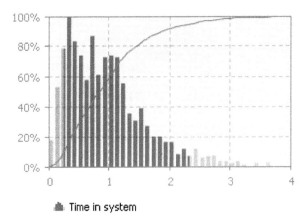

タイムカラーチャート

異なるカラー（カラーはデータ値に依存します）の水平のストライプのバーに最新のデータセットのトレンドを表示します。条件を満たすとき、バー・ストライプのカラーはこの条件のために定義したカラーを表示します。経時的なエージェント状態の変更を可視化するためにチャートを使用します。例えば、稼働状態/待機状態を表現することが可能です。

データ値によって異なる色でデータセットの動向を示します。条件を満たせば定義した色を表示します。稼働中や待機中のエージェントの状態変化を視覚化する時にこのチャートを使用します。

ヒストグラム

ヒストグラム・データ・オブジェクトによって集められた統計情報を表示します。ヒストグラムは Y 軸に沿ってスケーリングされます。したがって、ヒストグラムの最も高いバーは画像の最高点を占めます。さらに、PDF バー、CDF ラインおよび平均の位置の表示を選択することができます。

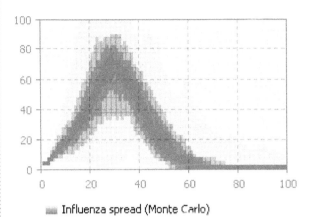

■ Influenza spread (Monte Carlo)

ヒストグラム 2D

二次元のヒストグラムの集団を表示します。PDF 値かエンベロープを反映する長方形の斑点で表示します。X 軸、Y 軸は全てのヒストグラムに合うように常にスケーリングされています。

チャートに表示するデータを 2 つ追加します。これまでに定義した *consumers* 集団用の統計関数、*NUser* と *NPotential* を利用します。

7. Add data item ボタンをクリックし、チャートにデータを追加します。

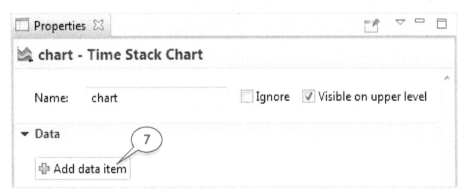

8. データのプロパティを修正します。

- Title: *Users* -データ項目のタイトル

- Color: *yellowGreen*

- Value: *consumers.NUser()*

  本モデルでのエージェント集団の名前は *consumers* です。*NUser()* は集団用に定義した統計関数です。

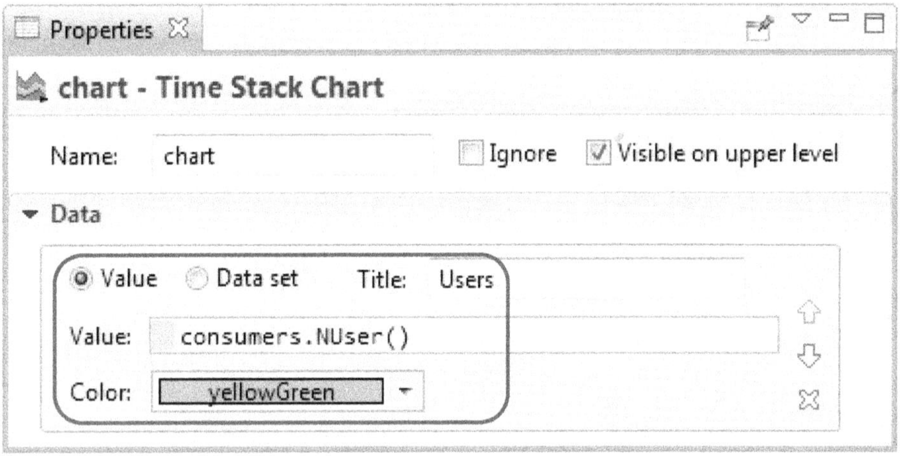

9. データをもう一つ追加します。

- Title: *Potential users*

- Color: *lavender*

- Value: *consumers.NPotential()*

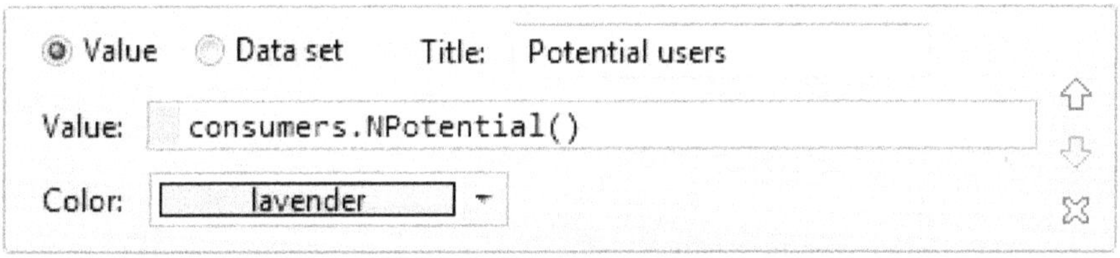

チャートの時間スケールを調整する

- 継時的なチャート (Time Plot, Time Stack Chart, Time Color Chart) では、時間スケールを調整できます。

- 継時的なチャートの時間範囲は Time window プロパティで調整できます。継時的なチャートは設定された期間において、取得されているデータだけを表示します。そのため、表示するデータ数が揃っていることが必要です。

- もし実行したモデルのチャートが下図のように表示された場合、表示に必要なデータ数が不足しています。表示するデータ数を増加させるか、チャートの Time window を縮小させます。

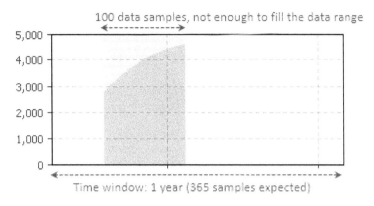

チャートに 1 年分のデータを表示するため、次のように設定します。

10. 配置した Time Stack Chart の Properties ビュー>Scale セクションにある Time window を *1 year* と設定します。

> ▼ Scale
>
> Time window: 1   years   ▾
>
> Vertical scale: ◯ Auto   ◉ Fixed   ◯ 100%
>
> From: 0   To: 5000

11. 本モデルでは *consumers* 集団の統計を表示します。*consumers* 集団は 5,000 人の消費者から成るので、チャートの Vertical scale は Fixed で To:には *5000* と入力します。

> ▼ Scale
>
> Time window: 1   years   ▾
>
> Vertical scale: ◯ Auto   ◉ Fixed   ◯ 100%
>
> From: 0   To: 5000

12. チャートの Time window の設定が完了しました。Time window に合わせて表示するデータ数の設定を行います。Properties ビュー>Data update セクションで Display up to *365* latest samples と設定します。毎日 1 つのデータがカウントされ 365 個蓄えることで 1 年間のデータが表示できます。

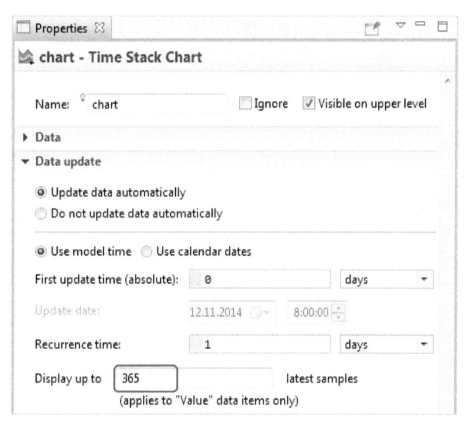

13. Time Stack Chart の Properties ビュー＞Appearance セクションで Time axis
    format を Model date (date only)に設定します。

継時的なチャートのタイムスタンプのフォーマット

継時的なチャートはモデルタイムを X 軸ラベルに表示できます。用意された
フォーマットの中から最適なものを選ぶか、カスタム・フォーマットを用い
てカスタマイズします。

`Properties` ビュー＞`Appearance` セクションの `Time axis format` でカスタマイズ
します。下記にタイムスタンプ・フォーマットの例を紹介します。

Model date (date only)

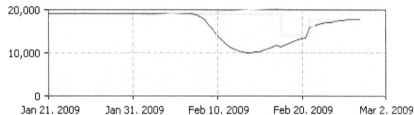

Model date (time only)

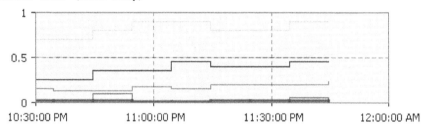

Custom (HH:mm) – Only hours and minutes are displayed

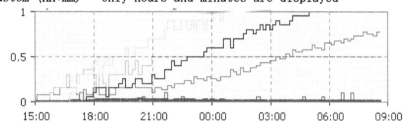

14. *Main* ダイアグラムで *consumers* のアニメーション図形を右へ移動します。

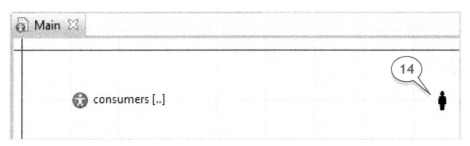

15. モデルを実行し、チャートを確認します。

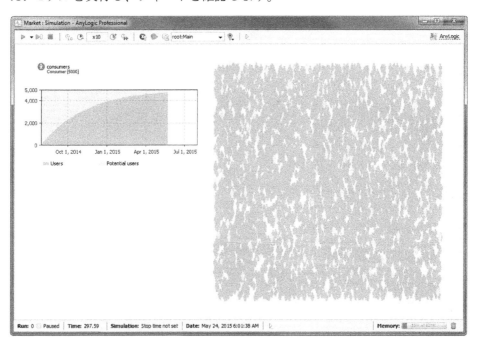

Phase 4. 口コミ効果の追加

この Phase では口コミ効果をモデル化します。口コミ効果とは消費者同士のコミュニケーションにより製品が購入される現象です。

- 消費者同士が互いに連絡できるようにします。本モデルでは消費者は毎日平均1人と連絡をとります。

- 製品の購入者は潜在的な購入者の判断に影響を与えるかもしれません。潜在的な購入者が影響を受けて製品を購入する確率を *AdoptionFraction*（*0.01*）と定義します。

消費者用のパラメータを 2 つ（*ContactRate* と *AdoptionFraction*）追加することから始めます。

1. Projects ツリーから *Consumer* をダブルクリックし、*Consumer* ダイアグラムを開きます。

2. 消費者の日毎の平均連絡数を定義するためにパラメータを追加します。 ✪ Agent パレットから ⟳Parameter を *Consumer* ダイアグラムにドラッグします。

3. パラメータの名前を *ContactRate* と入力します。

4. 割合は毎日1人なので、Default value に *1* と入力します。

5. 潜在的な購入者が製品購入者と接触をとった後、製品を購入する割合として、パラメータ（*AdoptionFraction*）を追加します。Parameter の Type は *double* で、Default value:は *0.01* とします。

Consumer ダイアグラムは下図のようになります。

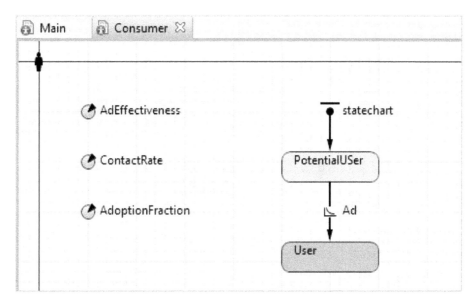

これからエージェント同士が互いに連絡できるようにします。これは製品購入を促す口コミ効果を表します。

エージェントの相互作用

AnyLogic にはエージェントベースモデリング用のコミュニケーションの仕組み（*message passing*）があります。

- エージェントは個別のエージェント、またはエージェントのグループにメッセージを送ることができます。

- メッセージは任意の型、もしくは複雑なオブジェクトです。（文字列型、整数型、オブジェクト型、複数のフィールドを持った構造など）

- 他のエージェントへメッセージを送るには、エージェントの関数を用います。メッセージを送るためによく用いられる関数を紹介します。

  sendToAll(msg) - 同じ集団に属するすべてのエージェントにメッセージを送ります。

  sendToRandom(msg) - 同じ集団に属するエージェントをランダムに1つ選びメッセージを送ります。

  send(msg, agent) - 特定のエージェントにメッセージを送ります。関数の第2引数にメッセージを送るエージェントを指定します。

本モデルでは製品の購入者だけがメッセージを送ります。特定の状態の間だけメッセージを送ります。言い換えれば、状態が変わることなくメッセージを送ります。そのようなメッセージを送るための最適な方法は内部遷移を用いることです。

6. *Consumer* ダイアグラムを開きます。*User* の内部に Transition が描けるように、*User* の大きさを調整します。

7. *User* の内側に内部遷移を描きます。下図のように内部遷移を描くためには、🖱Statechart パレットにある ⬋Transition をドラッグし、Transition の起点（矢印の根元）が State の境界に接続し、State 内部を縦断するようにドロップします。その後、Transition の両端を移動し調整できます。Transition にコーナーを作るには、配置した Transition の線の部分をダブルクリックします。

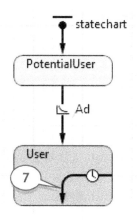

    ◆ **内部遷移と外部遷移は異なる動作をします。そのため、確実に内部遷移である必要があります。**

内部遷移

- 内部遷移は状態の内部に位置する周期的な遷移です。遷移の起点、終点とも同一状態の境界に接続します。

- 内部遷移は状態を囲まれている状態を脱しない、つまり状態が遷移しません。そのため内部遷移が発生しても、State の Entry action も Exit action も実行されません。

8. 内部遷移のプロパティを修正します。Transition の名前を *Contact* と入力
   し、Triggered by リストから Rate を選択します。Show name チェックを選
   択し、グラフィカルエディタに名前を表示します。Rate にコード入力の補
   助を利用して *ContactRate* と入力し、特定の割合で発生するようにします。

9. 遷移が発生した際に実行される Action に下記を入力します。（コード入力
   の補助が利用できます。）
   sendToRandom("Buy");

製品の購入者が潜在的な購入者に口コミを行うために、*User* に内部遷移を設
けました。内部遷移が発生するたびにコード（sendToRandom("Buy");）が実行
されます。消費者集団の中からランダムに選ばれた 1 人に対して「*Buy*」とい
うメッセージを送ります。メッセージを受け取ったエージェントが潜在的な購
入者（*PotentialUser*）なら、製品の購入者（*User*）へ遷移します。

PotentialUser から *User* への遷移を追加します。

10. *PotentialUser* から *User* へ、Transition を追加し、名前を *WOM* と入力し Show name チェックを選択します。この遷移は口コミによる製品の購入をモデル化します。

11. *WOM* のプロパティを修正します。

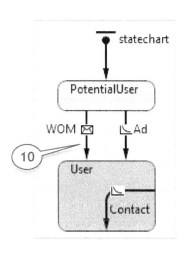

- Triggered by リストから Message を選択します。

- Fire transition エリアから On particular message を選択します。

- Message に"Buy"と入力します。

- すべての口コミが成功するとは限らないため、*AdoptionFraction* を設定します。Guard に randomTrue(AdoptionFraction)と入力します。

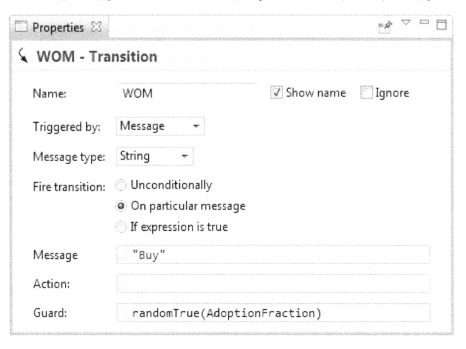

遷移の *Guards*

- 特定の状態に遷移した場合、その状態から発生するすべての遷移が判断されます。

- 遷移の条件が発生した場合、対応する Transition の Guard が評価されます。評価の結果が *true* の場合、遷移が発生します。その他の遷移はリセットされます。この仕組みは「*guards-after-triggers*」と呼ばれています。

以上が口コミ効果の最終ステップです。AnyLogic はあるエージェントからもう一人のエージェントへメッセージを送ります。受け取ったエージェントが *PotentialUser* である場合、遷移が判断されます。*PotentialUser* でない場合は、メッセージが無視されます。

12. Projects ビューのモデル名にアスタリスクが表示されている場合は、モデルが変更されているが保存されていないことを意味します。ツールバーの 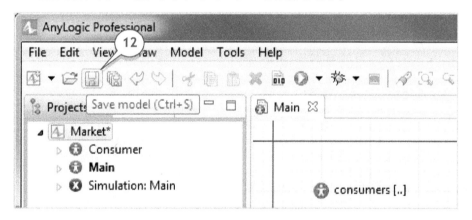 Save ボタンをクリックしてモデルを保存します。

13. モデルを実行します。

製品の市場への浸透が、以前より速く生じています。また、チャートはよく知られるS字型の製品採用曲線を描きます。

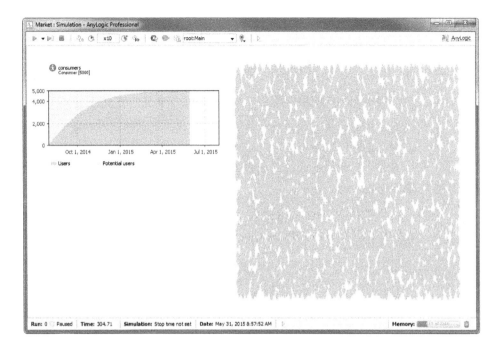

Phase 5. 製品の廃棄をモデル化

この Phase では、製品の廃棄をモデル化します。

- 製品の平均的な使用期間を 6 ヶ月と仮定します。

- 製品を廃棄、または消費すると、買い替えが必要になります。製品を廃棄、または消費するということは、*User* が *PotentialUser* になるということです。その後は広告効果、もしくは口コミ効果により製品の購入を繰り返します。

1. *Consumer* ダイアグラムを開き、Parameter を追加します。名前は *DiscardTime* と入力します。

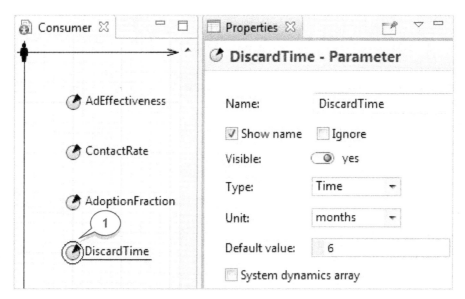

2. このパラメータは製品の寿命を定義します。Properties ビューで、Type に Time を選択します。Unit には months を選択し、Default value に *6* と記入します。

3. *User* から *PotentialUser* へ Transition を描き、製品の廃棄を追加します。コーナーを持った Transition を追加するには、Statechart パレットの Transition をダブルクリックし描画モード（アイコンが に変わる）にします。Transition の起点として *User* をクリックし、コーナーごとにクリックを繰り返し、最後に *PotentialUser* をクリックします。

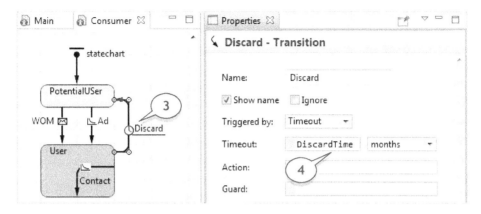

4 追加した Transition に *Discard* と名前を入力し、Triggered by リストから Timeout を選択します。Timeout には *DiscardTime* と入力し Show name チェックを選択します。リストから months を選択します。

   ♦ Transition が State に接続されていない場合、赤くハイライト表示します（左下図を参照）。エラーを特定するには該当する Transition を選択し、State との接続点がシアンでハイライト表示されているか確認します（右下図の PotentialAdopter との接続を参照）。Transition と User の接続点がシアンにハイライトされていない場合、起点のハンドルをドラッグし、User と確実に接続してエラーを修正します。

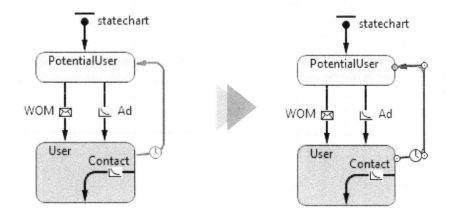

タイプミスによるエラーの修正

要素の名前のタイプミスはよくあるエラーです。AnyLogic の名前は大文字・小文字を区別します。*DiscardTime* と入力すべきところを、*Discardtime* と入力してしまった場合、下図のようなエラーが発生します。

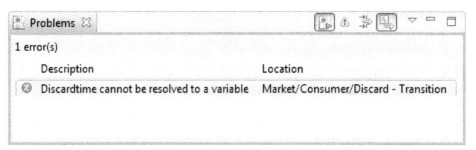

エラーを修復するには、Problems ビューの該当行をダブルクリックします。エラーがグラフィカルに表現可能であれば、グラフィカルエディタ上でエラーを発生させた要素をハイライト表示します。エラーが要素のプロパティにあれば、Properties ビューを開き該当箇所を示します。

製品廃棄のモデル化が完了しました。廃棄後すぐに製品を再購入するかもしれません。

5. モデルを実行し、廃棄がどのように影響するか確認します。製品が市場に十分に供給された後に、廃棄される製品があることが確認できます。

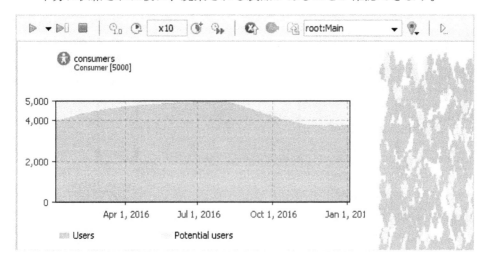

Phase 6. 配送時間をモデル化

ここまでのモデルでは、製品はいつでも購入でき、*PotentialUser* から *User* へ瞬間的に遷移すると仮定しています。この Phase では購入を決めてから製品を受け取るまでの時間を表現する状態を追加し、モデルの改良を進めます。

1. 新しい状態を追加するために *User* を下方へ移動し、*PotentialUser* と *User* の間に空間を準備します。

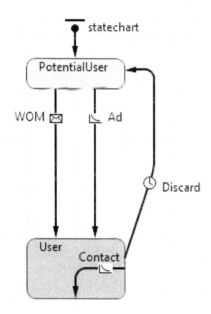

2. *User* に接続されている遷移を分離します。

WOM と *Ad* の終点（矢印の先）を *User* から分離します。*Discard* は *PotentialUser* から分離します。分離された遷移は赤くハイライト表示されています。

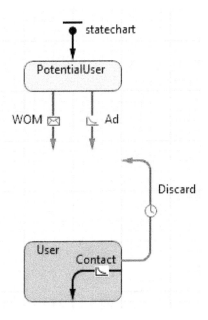

3. 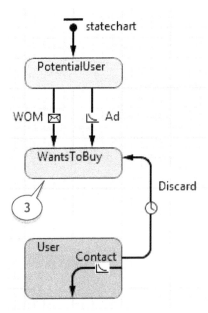Statechart パレットから新しい ⬭State をドラッグし、*PotentialUser* と
   User の間に追加します。名前は *WantsToBuy* と入力します。この状態の消
   費者は製品の購入を決めましたが、製品が手元に届いてはいません。

4. 新しく追加した *WantsToBuy* に *WOM*、*Ad*、*Discard* の終点（矢印の先）を再接
続します。

5. *WantsToBuy* を他の State と同じように修正します。
Fill color: *gold*
Entry action: *shapeBody.setFillColor(gold)*

○ **WantsToBuy - State**

Fill color: gold   ▾

Entry action: shapeBody.setFillColor(gold);

6. *WantsToBuy* から *User* へ Transition を追加し、製品の配送をモデル化します。
名前は *Purchase* と入力します。

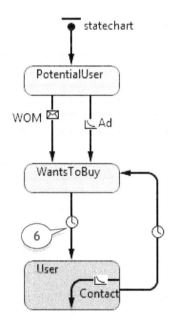

7. 製品購入の決定から到着まで 2 日かかると仮定します。状態遷移図で説明
すると、一度 *WantsToBuy* に遷移し、2 日後に *User* へ遷移するということ
です。*Purchase* の Triggered by リストから Timeout を選択します。Timeout
には *2* と入力し、リストから days を選択します。

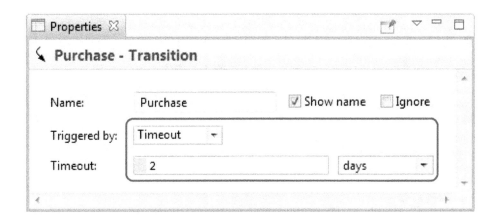

8. 製品の市場からの需要をカウントする統計関数を定義します。*Main* ダイア
グラムから *consumers* を選択し、Properties の Statistics セクションを表
示し新しい関数を追加します。Name を *NWantToBuy* と入力し、エージェン
トの数をカウントさせるために、Condition に下記を入力します。
item.inState(Consumer.WantsToBuy)

▼ Statistics

Name: NPotential

Type: ◉ Count ○ Sum ○ Average ○ Min ○ Max

Condition: `item.inState(Consumer.PotentialUser)`

Name: NUser

Type: ◉ Count ○ Sum ○ Average ○ Min ○ Max

Condition: `item.inState(Consumer.User)`

(8)

Name: NWantToBuy

Type: ◉ Count ○ Sum ○ Average ○ Min ○ Max

Condition: `item.inState(Consumer.WantsToBuy)`

9. *Main* ダイアグラムから `Time Stack Chart` を選択し、データ項目を追加します。

   - Title: *Want to buy*

   - Color: *gold*

   - Value: *consumers. NWantToBuy ()*

◉ Value ○ Data set   Title: Want to buy

Value: `consumers.NWantToBuy()`   (10)

Color: gold

10. 新たに追加したデータ項目を 2 番目に表示します。データ項目を選択し、
⬆️ボタンをクリックします。

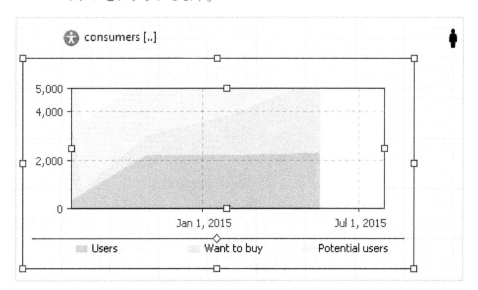

11. モデルを実行します。製品の到着を待っている消費者が黄色（*gold*）で表示されていることが確認できます。

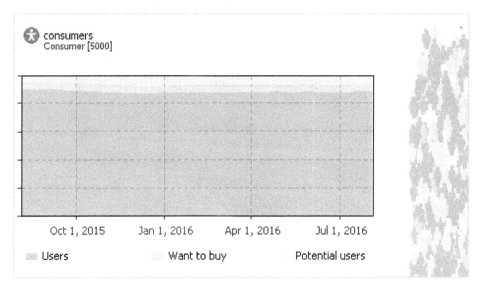

Phase 7. 購入を諦める消費者をモデル化

この Phase では製品の到着を待ちきれない消費者をモデル化します。製品の到着を待ちきれない場合、消費者は購入を諦めて潜在的な購入者に戻ります。

Main ダイアグラムにパラメータを 2 つ追加します。一つは最長の納期（25日）、もう一つは消費者の待てる最大の時間（7 日）です。

1. *Main* ダイアグラムを開きます。

2. モデル実行時、ウィンドウにパラメータを表示しないように、ウィンドウの枠外にパラメータを追加します。

   Main ダイアグラムを確認すると、実行時にウィンドウに表示される範囲が青い長方形で囲まれています。範囲内の要素は実行時にウィンドウに表示されます。隠したい要素はキャンバスを右へずらして範囲外に追加します。下図のようにパラメータを 2 つ（*MaxWaitingTime* と *MaxDeliveryTime*）追加します。

   > ♠ **グラフィカルエディタのキャンバスを移動させるためには、マウスの右ボタンを押してドラッグします。**

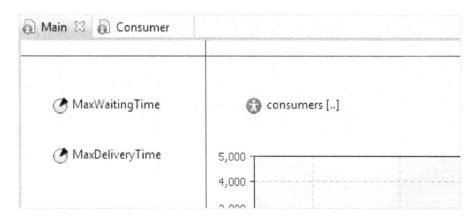

3. パラメータを調整します。*MaxWaitingTime* は消費者が待てる最大時間を定義し、7 日と仮定します。

4. もう一つのパラメータ、*MaxDeliveryTime* は製品の配送における最長の納期を定義し、25 日と仮定します。

これまでに作成したモデルを考慮すると、製品の配送は 1〜25 日かかり、平均 2 日と仮定します。これまでは 2 日で固定されていましたが、確率的な表現を用いて納期を変更します。

確率分布関数

次の表は AnyLogic でよく用いられる分布について紹介しています。AnyLogic の HELP も併せてご参照してください。

確率分布	主な使用
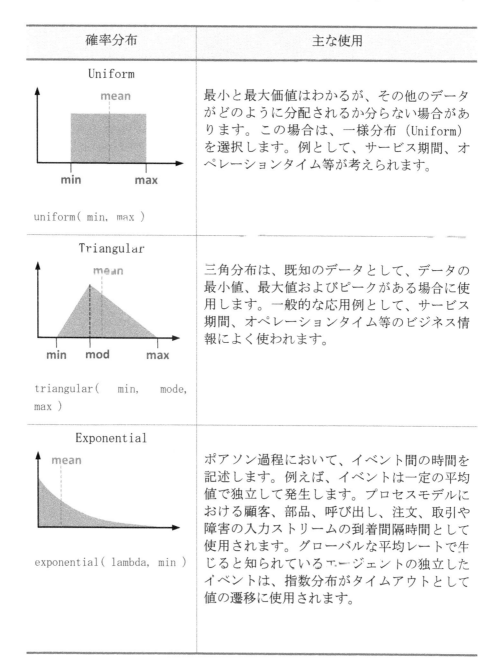 Uniform uniform(min, max)	最小と最大価値はわかるが、その他のデータがどのように分配されるか分らない場合があります。この場合は、一様分布（Uniform）を選択します。例として、サービス期間、オペレーションタイム等が考えられます。
Triangular triangular(min, mode, max)	三角分布は、既知のデータとして、データの最小値、最大値およびピークがある場合に使用します。一般的な応用例として、サービス期間、オペレーションタイム等のビジネス情報によく使われます。
Exponential exponential(lambda, min)	ポアソン過程において、イベント間の時間を記述します。例えば、イベントは一定の平均値で独立して発生します。プロセスモデルにおける顧客、部品、呼び出し、注文、取引や障害の入力ストリームの到着間隔時間として使用されます。グローバルな平均レートで生じると知られているエージェントの独立したイベントは、指数分布がタイムアウトとして値の遷移に使用されます。

Normal 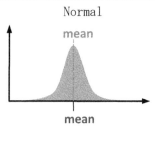 normal(sigma, mean)	平均辺りに集まる傾向があるデータ値の分布を提供します。正規分布は両側が無制限になっています。従って、制限（例えばマイナス値を避ける）を課すことを希望する場合、短縮フォームを使用するか、対数正規、ワイブル、ガンマ或いはベータのように他の分布を使います。
Discrete uniform 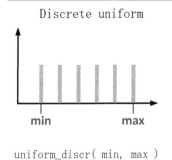 uniform_discr(min, max)	離散一様分布（Discrete uniform）の単純な例としてサイコロがある。とりうる値は 1, 2, 3, 4, 5, 6 で、1 回サイコロを振ったとき、それぞれの値が出る確率は 1/6 であり、uniform_discr(1,6)は 1、2、3、4、5、あるいは6を返します。

本モデルで仮定したパターンを表現するには、Triangular が最も適した確率分布です。

5. *Consumer* ダイアグラムを開き *Purchase* を選択します。Properties ビューの Timeout を確率分布関数に変更します。確率分布関数を選択できるウィザードを利用して最適な関数名を代入します。マウスを用いて Timeout を選択します。

6. ツールバーにある 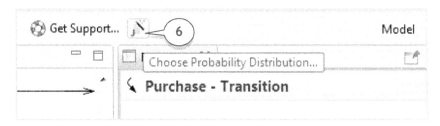Choose Probability Distribution…ボタンをクリックします。

Choose Probability Distribution…

Purchase - Transition

7. Choose Probability Distribution…ダイアログボックスが開きます。

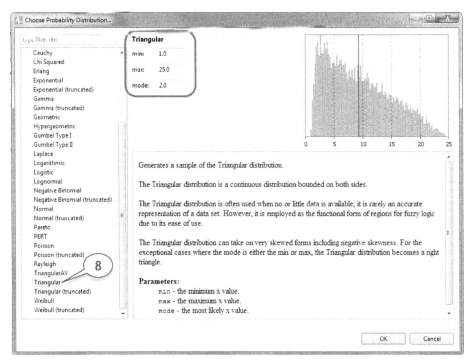

8. Choose Probability Distribution…ダイアログボックスでは AnyLogic がサポートしている確率分布関数のリストが確認できます。リストから関数を選択すると詳細を確認できます。リストから *triangular* を選択します。パラメータ min に 1 を、max に 25 を、mode に 2 を入力します。右上に表示されている分布が入力された値によって構築されます。確認できたら OK ボタンをクリックしてウィザードを終了します。

9. *Purchase* の Timeout に *triangular(1, 25, 2)* と自動入力されます。入力され
   た式の一部を修正し、*triangular(1, main.MaxDeliveryTime, 2)* と入力し
   ます。

Consumer エージェントから *Main* エージェントにアクセスするため、接頭語と
して *main* が必要です。

10. 最後に *WantsToBuy* から *PotentialUser* へ Transition（名前は *CantWait* と入
    力）を追加します。

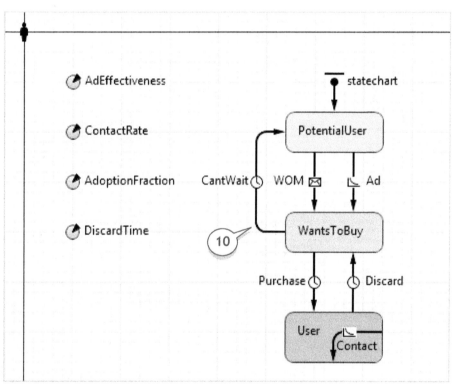

11. *CantWait* の Triggered by リストから Timeout を選択します。Timeout には
    triangularAV(main.MaxWaitingTime, 0.15) と入力し、リストから days を選
    択します。

消費者が待てる最長時間を *MaxWaitingTime* に固定するのではなく、平均とし、分布範囲を15%とする三角関数を使用します。

パラメータ *MaxWaitingTime*（消費者が待てる最長時間）と *MaxDeliveryTime*（製品の最長の納期）を固定値として容易に定義できました。ここからは値をダイナミックに変更してシミュレーションがどのように変化するか確かめたいと思います。モデルへ相互作用を与えるコントロール部品を追加してパラメータをリンクさせます。

コントロール

AnyLogic の *controls* はモデルに相互作用を追加します。コントロール部品を追加することでモデル実行前にパラメータを設定し、新たな値で実行できます。コントロール部品を使うと、特定のコードを実行したり、モデルのパラメータを変更したりできます。

コントロール部品は様々な動作（関数を呼ぶ、イベントをスケジュールする、メッセージを送る、モデルを停止する）と関連付けることができます。ユーザーがコントロール部品を操作するたびに動作が実行されます。値を持つことができるコントロール部品では、プロパティの Action に *getValue()* と記述することで値を得られます。

次の表で各コントロールについて概説します。

コントロール	説　明
[OK] Button Stop the agent	ユーザーがモデルをインタラクティブに操作できるようにします。ユーザーがボタンをクリックするたびに、モデル実行中にいつでも実行可能な動作を定義できます。Action プロパティに動作を記述します。
☑ Check Box ☑ Show density map	ユーザーが選択・解除できるコントロールです。常にどちらかの状態を表示しています。*boolean* 型の変数やパラメータを変更するためによく利用されます。
[ab] Edit Box 36.6	ユーザーがごく短い文字を入力することができるコントロールです。*String* 型、*double* 型、*int* 型の変数やパラメータとリンクして利用できます。その場合、コントロールの内容を変更すると直ちに変数やパラメータも変更されます。
Radio Buttons ⦿ choice 1 ◯ choice 2 ◯ choice 3	複数のボタンの中から一つだけを選択できるコントロールです。*int* 型の変数やパラメータとリンクできます。その場合、ボタンの選択を変更すると直ちに変数やパラメータも変更されます。変更される値はボタンのインデックスです。最初のボタンのインデックスは 0 です。二つ目以降は 1 つずつ増加します。
Slider 0　　34　　100	つまみをドラッグすることで、特定の範囲内で数値を変更できるコントロールです。モデル実行中に数値用の変数やパラメータを変更できます。*double* 型で正確な値が必要な場合は Edit Box コントロールが適しています。

AnyLogic の Professional エディションではさらに 4 つのコントロール部品が
使用可能です。

- ☐▣　Combo Box

- ☰　List Box

- ☐　File Chooser

- ▥　Progress Bar

スライダー・コントロール（Slider）を追加し、特定の範囲内で数値を変更さ
せます。数値を扱うパラメータを変更する際に Slider はよく利用されます。

12. *Main* ダイアグラムを開き、⬛Controls パレットから💠Sliders をチャート
    の下にドラッグします。変更したいパラメータは 2 つ（*MaxWaitingTime* と
    MaxDeliveryTime）なので、Sliders も 2 つ追加しそれぞれリンクさせます。

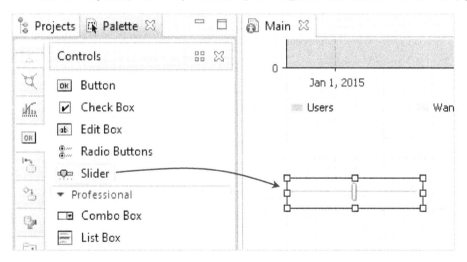

13. Sliders のプロパティを修正します。

- Link to チェックを選択し、右のリストから *MaxWaitingTime* を選択しま
  す。

- スライダー・コントロールの上限と下限を設定します。Minimum value に
  2 を、Maximum value に 15 を入力します。

- 最後に Add labels…ボタンをクリックし、実行時にスライダー・コント
  ロールの上限、下限、現在の値を表示するラベルを追加します。（スラ

イダー・コントロールの下に Text が追加され *min*、*value*、*max* と表示されます)

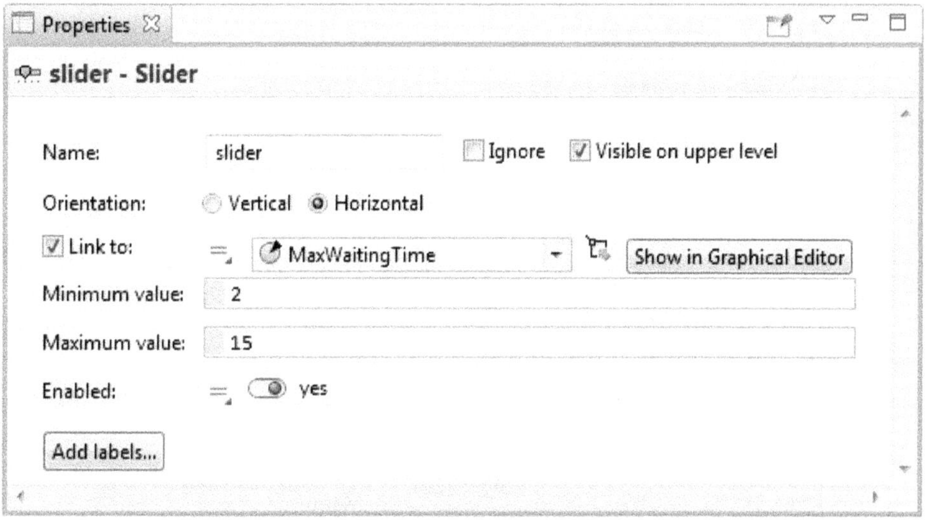

14. もう一つスライダー・コントロールを追加し、下図のように設定します。

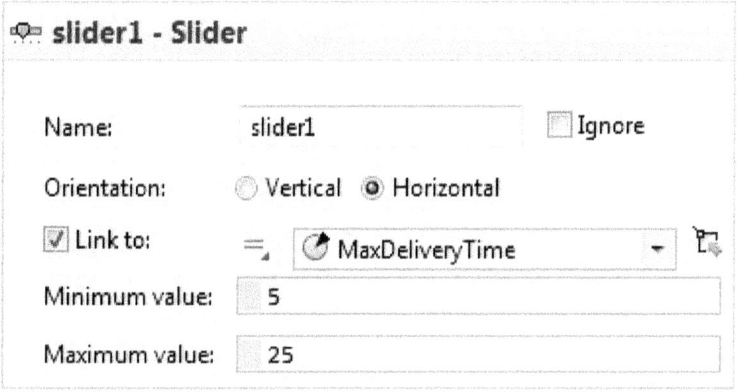

表示用のラベルを内蔵しているコントロールもありますが、スライダー・コントロールは Text を使用してラベルを作成する必要があります。

15. Presentation パレットを開き Aa Text を 2 つ、ダイアグラムにドラッグします。下図を参考にスライダー・コントロールの上に配置します。プロパティを変更しスライダー・コントロールのタイトルを作成します。

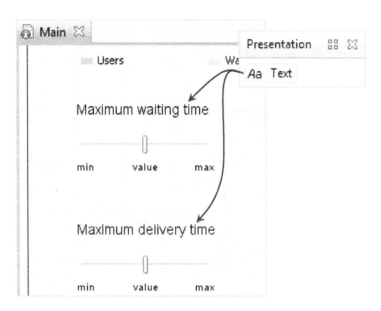

16.

Properties ビューの Text セクションを展開し、モデルに表示するテキスト
を入力します。スライダー・コントロールのタイトルとしてそれぞれ
Maximum waiting time、*Maximum delivery time* と入力します。

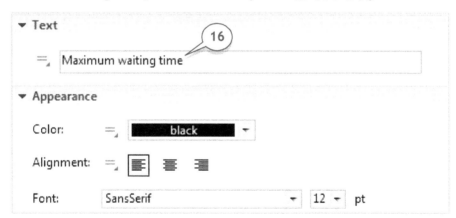

17. Properties ビューの Appearance セクションを展開し、テキストの色、揃え、
フォント、サイズを変更できます。

スライダー・コントロールの下限、上限、現在の値を表示するラベルも Aa
Text です。それらは実行中の動的な値を表示します。Appearance セクションで
見た目を変更できます。

consumers をプレゼンテーション・ウィンドウの枠外に移動できます。

18. モデルを実行し挙動を確認します。スライダー・コントロールをドラッグ
し値を変更すると、すぐにシミュレーションに反映されることを確認しま
す。

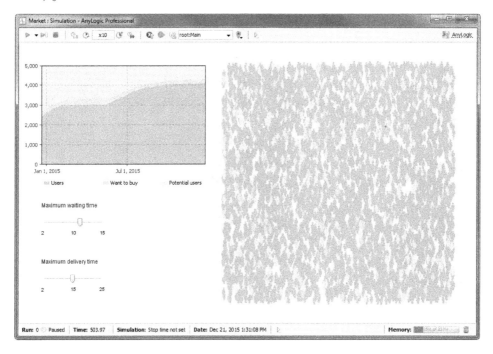

Phase 8. 異なるパラメータ値でモデルを比較

この Phase では、異なる設定でモデルを実行し結果を比較したい。これまでに手動でパラメータ値を変更し、結果を確認することはできました。AnyLogic に用意されている Experiment を利用することで、より容易に結果を比較できます。

まず始めに手動で *ContactRate* を変更し、結果を比較できるエクスペリメントを構築します。シミュレーションの期間として 1 年を超えるデータを調査したいと思います。そこで、シミュレーションの期間を 500 日とします。

モデルを比較する

このエクスペリメントはインタラクティブです。モデルのパラメータを設定し、シミュレーションを実行した結果をチャートに追加して、比較することが可能です。

このエクスペリメントは入力フィールド群と出力用のチャートが用意されています。パラメータ群を用いて入力値を定義します。Parameter のコントロールの種類は Properties ビューの Value editor セクションで決定されます。

1. *Main* ダイアグラムを開き、Analysis パレットから Data Set をドラッグします。名前は *usersDS* と入力します。

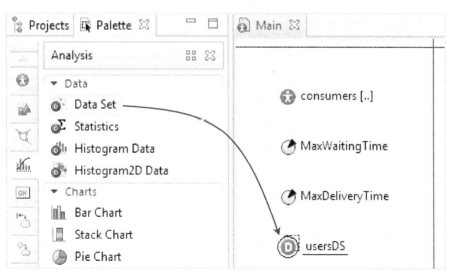

Data Set は *double* 型の 2 次元データ（「X, Y」のような）を格納できます。Data Set を利用して製品販売の経過を格納していきます。格納するデータはタイムスタンプと製品購入者の人数とします。

2. タイムスタンプを格納するには、Properties ビューの Use time as horizontal axis value をチェックしておきます。

3. 製品購入者の人数を格納します。Properties ビューの Vertical axis value に *consumers.NUser()* と入力します。

4. Data Set は限られた数の直近データを保存します。シミュレーションの期間は 500 日なので、データサイズは 500 個とします。記録のタイミングは 1 日毎とします。下図のように、Keep up to *500* latest samples、Update data automatically、Recurrence time：*1* と設定します。

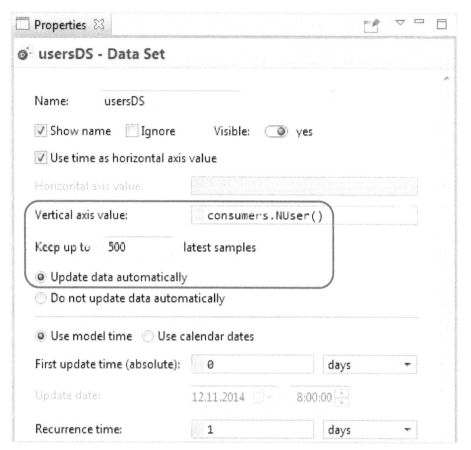

これまでに製品販売の経過を格納する Data Set を定義しました。*consumers* に
定義した統計関数である *NUser()* を呼び出してデータを格納しています。

5. 次に、*Main* ダイアグラムに配置した 2 つのパラメータ（*MaxWaitingTime* と
   MaxDeliveryTime）の、Properties ビューValue editor セクションを設定し
   ます。Control type に *Slider* を選択し、*Main* ダイアグラムに配置した 2 つ
   のスライダー・コントロールと同じになる様に Min と Max を設定します。
   変更したければ Label も変更可能です。（例：*Maximum waiting time*）

ここまでの変更で Compare Runs エクスペリメントを作成する準備が整いました。

6. Projects ビューを開き、モデル名を右クリックします。コンテキスト・メニューから New > Experiment を選択し、New experiment ウィザードを表示します。

7. Experiment Type のリストから 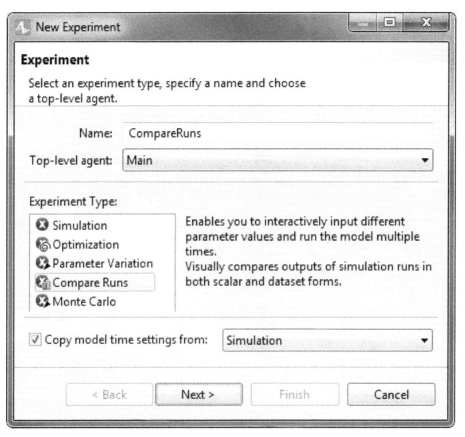Compare Runs を選択し Next をクリックします。

8. Parameters ページが表示されたら Available リストから変化するパラメータ を選択し、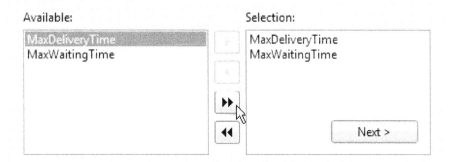 ボタンをクリックして Selection にパラメータを追加します。 ボタンをクリックすると、一度にパラメータを追加できます。パラメータを 2 つ（*MaxWaitingTime* と *MaxDeliveryTime*）、Selection に追加したら Next をクリックします。

9. Charts ページでは結果を比較するチャートを作成します。チャートはデータセット（*usersDS*）に格納されたデータを表示します。Charts テーブルを次のように設定します。

   a. Type 列は dataset を選択します。

   b. Chart Title 列に *Users* と入力します。

   c. Expression 列に *root.usersDS* と入力します。*root* はモデルの最上位エージェント（規定では *Main*）を意味します。

10. Finish をクリックします。

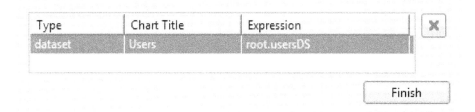

Type	Chart Title	Expression
dataset	Users	root.usersDS

自動で *CompareRuns* ダイアグラムが開かれます。ウィザードで作成されたユーザーインターフェースが確認できます。

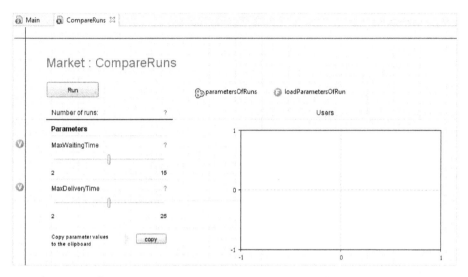

11. 今回のモデルは 500 日間のシミュレーションです。Projects ツリーから *CompareRuns* エクスペリメントを選択し、Properties ビューの Model time セクションを展開、Stop time に *500* と入力します。

12. *CompareRuns* エクスペリメントを実行します。Run リストから Market / CompareRuns を選択するか、Projects ツリーの *CompareRuns* エクスペリメントを右クリックし、コンテキスト・メニューから●Run を選択します。

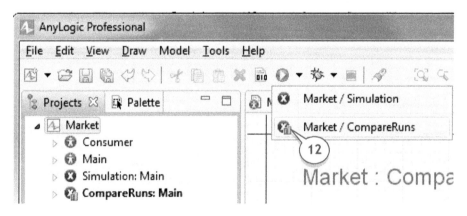

13. プレゼンテーション・ウィンドウの Run ボタンをクリックし、規定のパラメータ値での実行結果を確認します。確認後にパラメータ値を変更し Run ボタンをクリックすることで、異なるパラメータ値の実行結果をチャート上で比較することができます。

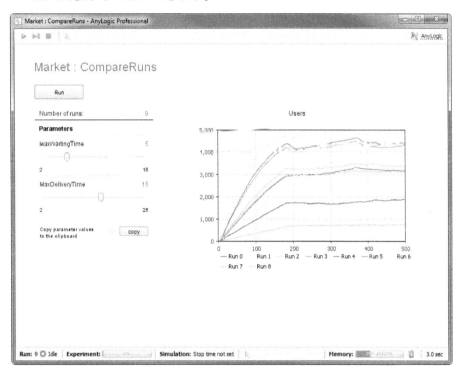

14. チャート上の系列はそれぞれのシミュレーションの結果です。凡例をクリックし選択すると、該当する系列がハイライト表示されます。ウィンドウ左部のコントロールも選択された系列のパラメータ値を表示します。選択を解除するには、選択中の凡例を再度クリックします。

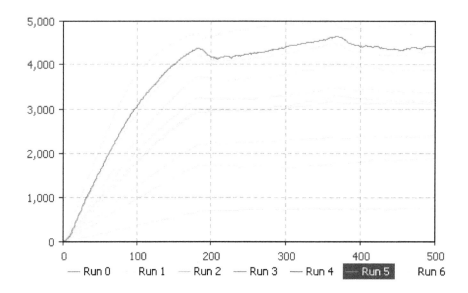

15. 系列を選択し、右クリックで表示されるコンテキスト・メニューから Copy
    all もしくは Copy selected を選択することで、データをコピーすることが
    できます。

エージェントベースモデリングによる消費者市場モデル（*Market*）の開発が完
了しました。改良を加えることで消費者のロジックをより詳細に定義したり、
拡張を行うことができます。例えば、競合する製品がある場合などが考えられ
ます。AnyLogic には編集可能なサンプルモデルが多数収録されています。
AnyLogic の Help メニューから Examples を選択すると一覧が表示されます。
*Models from the "Big Book of Simulation Modeling" > Statechart for
Choice of Competing Products* の状態遷移図が参考になります。

3. システムダイナミクスモデル(System Dynamics)

　システムダイナミクス(System Dynamics：SD)は、1950 年代に米国マサチューセッツ工科大学(Massachusetts Institute of Technology)のジェイ・フォレスター(Jay Forrester)博士により開発された技法です。彼は科学と工学の知識を生かし、経済や社会システムの動的特性を表現し、分析するために、物理学の法則、特に電気回路に関する法則を利用することを発見します。

　SD は、今日、長期的、戦略的なモデル構築の場面で用いられ、モデルの対象を高いレベルで総合的に捉えて、人々や製品、出来事、その他の離散アイテムを定量的に表現するのに適しています。動的なシステムを分析する包括的方法論として、以下の特長を有します。

- システムの振る舞いを決定するシステムの構造をモデル化します。
- システム内のフィードバックループ（因果関係の循環）がバランス型か自己強化型かを見極める。フィードバックループこそがシステムダイナミクスの要です。
- フィードバックループに影響を与えるストック（蓄積）とフローを特定します。

　ストック(Stock)は蓄積(Accumulation)であり、システムの状態を表します。ストックはシステムの記憶であり、不均衡(Disequilibrium)や遅れ(Delay)の源となります。モデルは総体としてのみ機能します。すなわち、ストック内に蓄積されたアイテムは区別できないものとして扱います。フロー(Flow)はシステムの状態が変化する際の変化率です。

　ストックとフローとの違いを区別するのが難しい場合、計測の仕方で見分けると良いです。ストックは、人々、在庫、貨幣、知識のように、一般的に数量で表現できるものです。一方のフロー(Flow)は、1 カ月あたりの顧客、一年あたりのドルなど、一定の時間あたりの数量で表すものとなります。

　本章の目的は、システムダイナミクスの理論やアプローチ自体を教えることではなく、AnyLogic を用いてモデルを構築する方法を学習することです。システムダイナミクスのアプローチについて学習したい場合は、John Sterman 博士の著書"Business Dynamics: Systems Thinking and Modeling for a

Complex World″（邦題：「システム思考－複雑な問題の解決法」）を読むこと
をお薦めします。[2]

---

[2] 訳者注：同書の日本語翻訳版はモデル構築に必要な理論と計算式を削除しているため、読者には
直接原著、もしくは、訳者著書「経営工学のためのシステムズアプローチ」（講談社）を読むこ
とをお勧めします。

3.1 感染症(SEIR)モデル 構築

　本章では、集団の中で感染症が広がっていく様子を再現することを目的としたシステムダイナミクス(System Dynamics)モデルを構築します。サンプルモデルの対象地域の人口は 10,000 人であり($TotalPopulation$ = 10,000)、1 人が感染しています。モデル構築の前提条件を以下のとおり仮定します。

- 感染段階において対象地域の人々は、1 日につき平均 1.25 人と接触するとします($ContactRateInfectious$ = 1.25)。感染者が非感染者と接触した場合、非感染者が実際に感染する確率は 60%です($Infectivity$ = 0.6)。

- 感染すると潜伏期間が 10 日間続きます($AverageIncubationTime$ = 10)。 本モデルではこの状態を Exposed と表現します。

- 潜伏期間終了後の平均的な疾病継続期間は 15 日とします($AverageIllnessDuration$ = 15)。

- 回復した人はこの感染症に対して免疫を持ちます。

Phase1. ストック・フロー図の作成

1. メインメニューより **File > New > Model** を選択し、新規モデル(Model name : *SEIR*)を作成します。**Model time units.**は **days** を選択します。

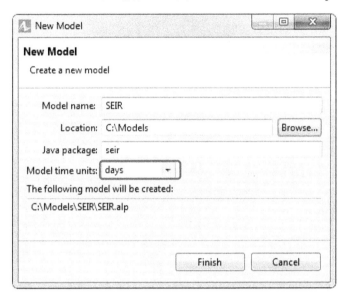

　次に、ストック(**Stock**)とフロー(**Flow**)を描き入れます。感染症の進行を単純にモデル化するために人口の多様性を減らすことを考えます。本モデルでは4種類に分類してモデルを設計します。

- *Susceptible* – ウィルスによって感染していない人々

- *Exposed* – 既に感染しているが、他の人を感染させることができない人々（※感染症の潜伏期間を再現）

- *Infectious* – 既に感染し、他の人を感染させることができる人々

- *Recovered* – ウィルスから回復した人々

　なお、SEIR 疫学モデルは、上記 4 つの段階を表わす(Susceptible Exposed Infectious Recovered)頭 4 文字をとった造語です。本モデルでは、人々の感

染、接触、伝染、回復をモデル化します。ここでは、各段階にストックを 1 つ配置します。

2. **System Dynamics** パレットを開き、▢**Stock** を *Main* ダイアグラム上へドラッグします。名前を付けます。(*Susceptible*)

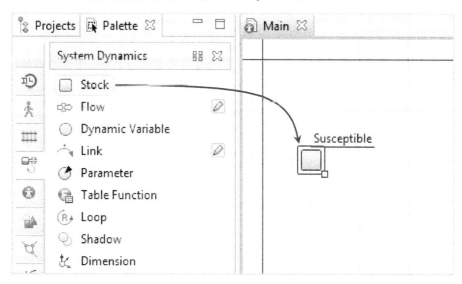

3. さらに 3 つの Stock を *Main* ダイアグラム上へドラッグします。それぞれに名前を付けます。(*Exposed, Infectious, Recovered*)

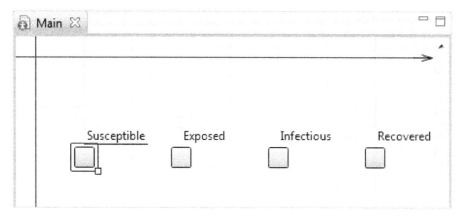

ストックとフロー

　システムダイナミクスにおいて、ストック（レベル、蓄積、状態変数）は現実世界の資源、知識、人々、金銭などを表します。フローは変化率（ストックの値の変化）を定義します。ストックとフローの例を以下に示します。

ストック	流　入	流　出
人口	出生、転入	死亡、転出
燃料タンク	燃料補給	燃料消費

　フローには、ストックからの流出を再現するアウトフローとストックへの流入を再現するインフローの2種類が存在します。下の図において、左側のストック（*PotentialAdopters*）から出ているフローがアウトフローで、右側のストック（*Adopters*）に接続されているフローがインフローです。これら2つは同一のフロー（*AdoptionRate*）です。

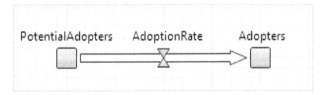

　何もない所からストックへのフローの流入が発生することは有り得ません。従って、フローの出発点に起源(source)を表すクラウド(Cloud)を配置します。

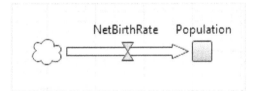

　その反対に、何もない所へフローが流出することも考えにくいことです。従って、シンク（"sink"）を表すクラウド(Cloud)をフローの終点に配置します。フローの矢印はそのフローの流れの方向を示します。

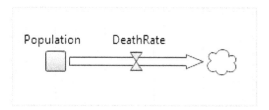

　今回のモデルでは、非感染者は感染症ウィルスに晒されることで感染者となり、やがて回復します。人々をストックからストックへと遷移させるのに 3 つのフローを利用します。

4. *Susceptible* から *Exposed* へ最初のフロー(**Flow**)を描き入れられます。**Flow** の流出元となる **Stock**（*Susceptible*)をダブルクリックし、その状態で流入する **Stock**（*Exposed*)をクリックします。（**System Dynamics** パレットの **Flow** を利用しても同等の作業が可)

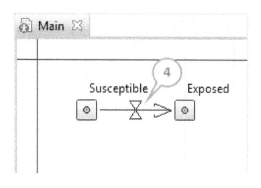

5. Flow に名前を付けます(Name : *ExposedRate*) 。

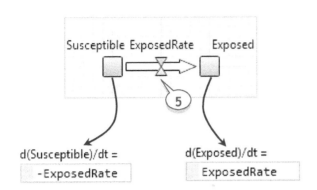

6. Stock(*Susceptible, Exposed*)の数式を確認します。Flow (*ExposedRate*)が *Susceptible* の値を減少し、*Exposed* の値を増加しますので、数式は上図のように同じでなければいけません。AnyLogic は上記４．の操作でFlow を追加した際にこれらの数式を自動生成してくれます。

ストックの数式

AnyLogic は構築したストック・フロー図に従ってストックに関する数式を自動生成します。

ストックの値は、ストックからのインフロー、及びアウトフローに従って計算されます。原則として、インフローはストックの値を増加させ、アウトフローはストックの値を減少させます。

> *inflow1 + inflow2 ... - outflow1 - outflow2 ...*

古典的なシステムでは動的な表記のみが式に表記される場合があります。式は編集不可で、フローとそのフローに関するストックのみが表記されます。

7. *Exposed* から *Infectious* へ Flow を追加します(Name : *InfectiousRate*)

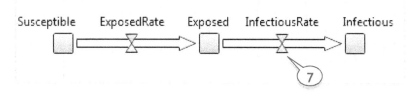

8. *Infectious* から *Recovered* へ Flow を追加します(Name : *RecoveredRate*)

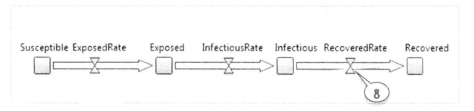

9. Flow の名前表記を下図のように下側に移動させます。これをするためには、Flow を選択し、記載された名前（アンダーラインが表示される）をドラッグして動かします。

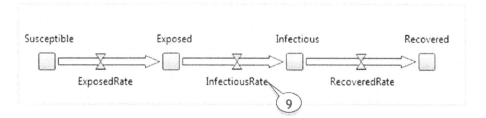

10. パラメータと依存関係を定義します。5 つの Parameter ⟲を追加し、Name と Default value を下記のように定義します。

- *TotalPopulation* = 10000

- *Infectivity* = 0.6

- *ContactRateInfectious* = 1.25

- *AverageIncubationTime* = 10

- *AverageIllnessDuration* = 15

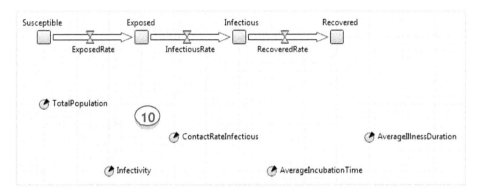

11. Stock（*Infectious*）の Initial value を *1* と指定し、初期の感染者の数
を定義します。

12. Stock（*Susceptible*）の Initial value を定義します：*TotalPopulation
- 1*

    Ctrl+Space（Mac OS: Alt+space）を押し、コード入力の補助リストからパ
    ラメータの名前を選んでも構いません。

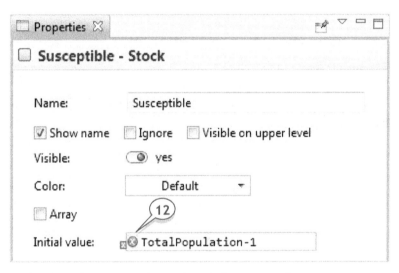

　式の左に赤いサインが表示されます。その理由は、ストック・フロー図の 2
つの要素に依存関係（*Susceptible* の Initial value は *TotalPopulation* に
依存する）を定義しているにもかかわらず、その依存関係がダイアグラム上に
図示されていないことが原因です。

依存関係

ストック・フロー図には 2 種類の依存関係が存在します。

- AnyLogic では、**Link** を使用してストック・フロー図の要素間の依存関係を記述します。Flow や Auxiliary の数式で参照する要素（Stock,Flow,Auxiliary,Parameter）との依存関係は実線で記述します。

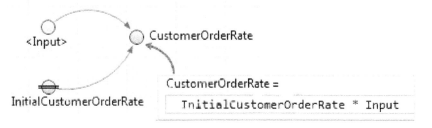

- 一方、Stock の初期値(Initial value)として参照する要素との依存関係は、点線で記述します。

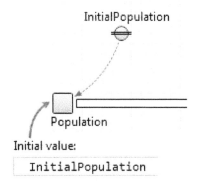

具体的には、要素 B の初期値（Initial value）として要素 A を参照する場合、最初に要素 A から要素 B への **Link** を接続し、次に要素 B のプロパティに数式を記述します。

13. *TotalPopulation* から *Susceptible* に **Link** を接続します。

System Dynamics パレットで Link をダブルクリックします。次に、*TotalPopulation* をクリックし、最後に *Susceptible* をクリックします。**Link** の終点に小さな円が表示されていることを確認します。

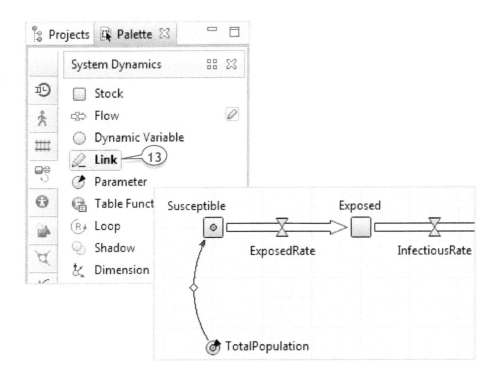

14. Flow（*ExposedRate*）の数式を定義します。

Flow（*ExposedRate*）をクリックし、コード入力の補助を利用して、次の数式を定義します。

Infectious*ContactRateInfectious*Infectivity*Susceptible/TotalPopulation

記載された変数およびパラメータからこのフローに対して依存関係を描き入れる必要があります。手動で関係を描き入れることが面倒な場合は、AnyLogicの関係自動生成機能を利用して、関係を追加する方法があります。

15. 図の *ExposedRate* フローを右クリックし、コンテキストメニューから Fix Dependency Links > Create Missing Links を選択してください。完了するとストック・フロー図が確認できます。

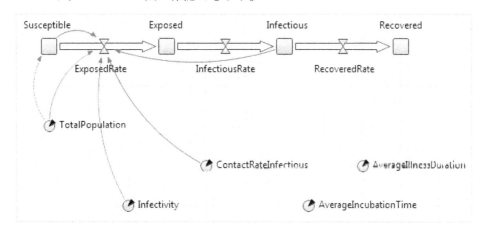

16. *InfectiousRate* に数式を定義します。
   : *Exposed/AverageIncubationTime*

17. *RecoveredRate* に数式を定義します。
   : *Infectious/AverageIllnessDuration*

18. 依存関係を全て記述し、下図のとおりモデルを完成させます。

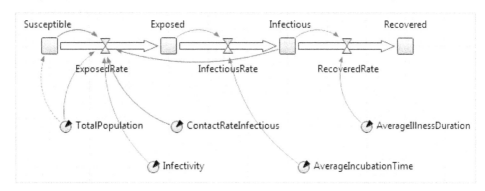

19. 依存関係(Link)の外観を調節します。下図と一致させるためには Link の屈曲角度を変更します。Link の屈曲角度を調節するためには、Link を選択し、Link の中央のハンドルをドラッグしながら動かします。

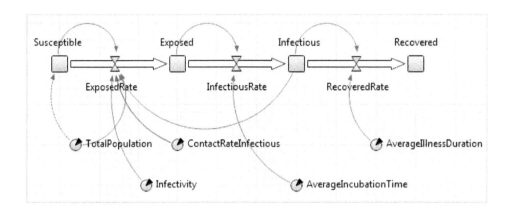

20. モデルを実行し、システムの振る舞いを観察します。変数をクリックする
とインスペクション・ウィンドウ(inspection window)が開きます。ウィ
ンドウのサイズ変更するためには、右下をドラッグしながら動かします。

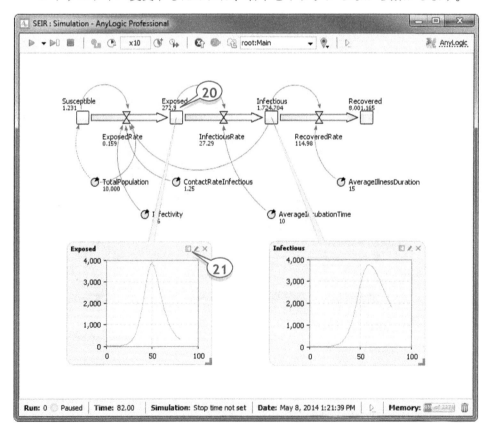

21. インスペクション・ウィンドウ(inspection window)をプロット・モード
に切り替えるためには、ウィンドウのツールバーにある左端のアイコンを
クリックします。

22. モデル実行速度を増加させることで、シミュレーション結果をより早く得
ることができます。

Phase2 システムの振舞いの可視化

フィードバックループ

　システムダイナミクスは、システム内の因果関係を分析する手法であり、自己強化型とバランス型の 2 種類の因果ループで構成されます。

　因果ループが自己強化型なのか、あるいは、バランス型なのかを見極める方法(Wikipedia 参照) としては、ある変数 N が増加するという仮定をおいた上で、他の変数に対するその影響を連続的に考えていく方法があります。

- 因果ループ内を全て検討した結果、最初の仮定と同じ結果を得ればそれは自己強化型の因果ループです。
- 逆に、結果が最初の仮定と矛盾するならバランス型の因果ループになります。

　その他の見極め方としては

- 因果ループ内の負のリンクを数えてそれが偶数個（0 も偶数）であれば、その因果ループは自己強化型です。
- 逆に、因果ループ内の負のリンクが奇数個であれば、その因果ループはバランス型になります。

では、早速モデルの中にループ識別記号を追加してみましょう。

1. **System Dynamics** パレットからダイアグラム上へ⑧Loop をドラッグし、
   下図のように調整します。

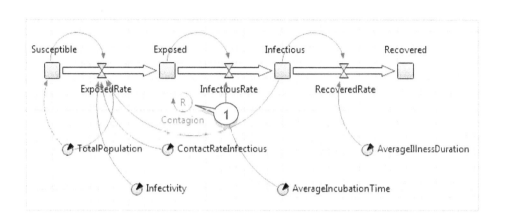

2. **Loop** の **Properties** ビューを開き、**Type** を **R**（Reinforcing 増加を表す）、
   Direction を **Clockwise**、**Text**（ループの近くに表示）に *Contagion* と記
   入します。

ループ識別記号による可視化

　Loop は、ループの意味を簡潔に説明するラベルやループの方向を見せる矢
印を有するグラフィカルな識別記号です。変数間の因果関係を定義するのでは
なく、システム内の変数が互いにどのように影響し合うかを大まかに示すため
に用います。**Loop** を追加することで、モデルのユーザーがシステム全体の振
る舞いを直観的に理解するのに役立ちます。

　上記の図では、**Loop**　*Contagion* は自己強化型の因果ループです。**Stock**
Infectious は **Flow** *ExposedRate* を増加させ、それは **Stock** *Exposed* の増加
につながります。従って、この因果ループ内における変数間の関係はすべて正
の因果関係で構成されています。

次に、モデル内の人口（*Susceptible, Exposed, Infectious, Recovered*）の変化を可視的に表現するタイム・チャートを追加しましょう。

3. **Analysis** パレットからダイアグラム上へ**Time Plot** をドラッグします。次図のように **Time Plot** を拡張します。

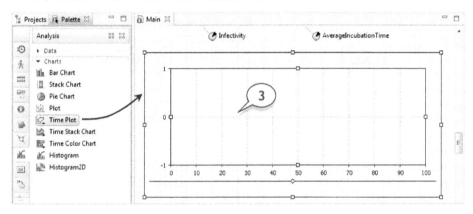

4. **Properties** ビューで ボタンをクリックして **Data** アイテムの追加をします。

5. データ項目のプロパティを変更します。

- Title: *Susceptible people*

- Value: *Susceptible*（コード入力の補助を使う）

6. Stock（*Exposed*, *Infectious*, *Recovered*）の値を表示するために 3 つの
   データ項目を追加し、同様に設定します（**Title** のつけ忘れに注意）。

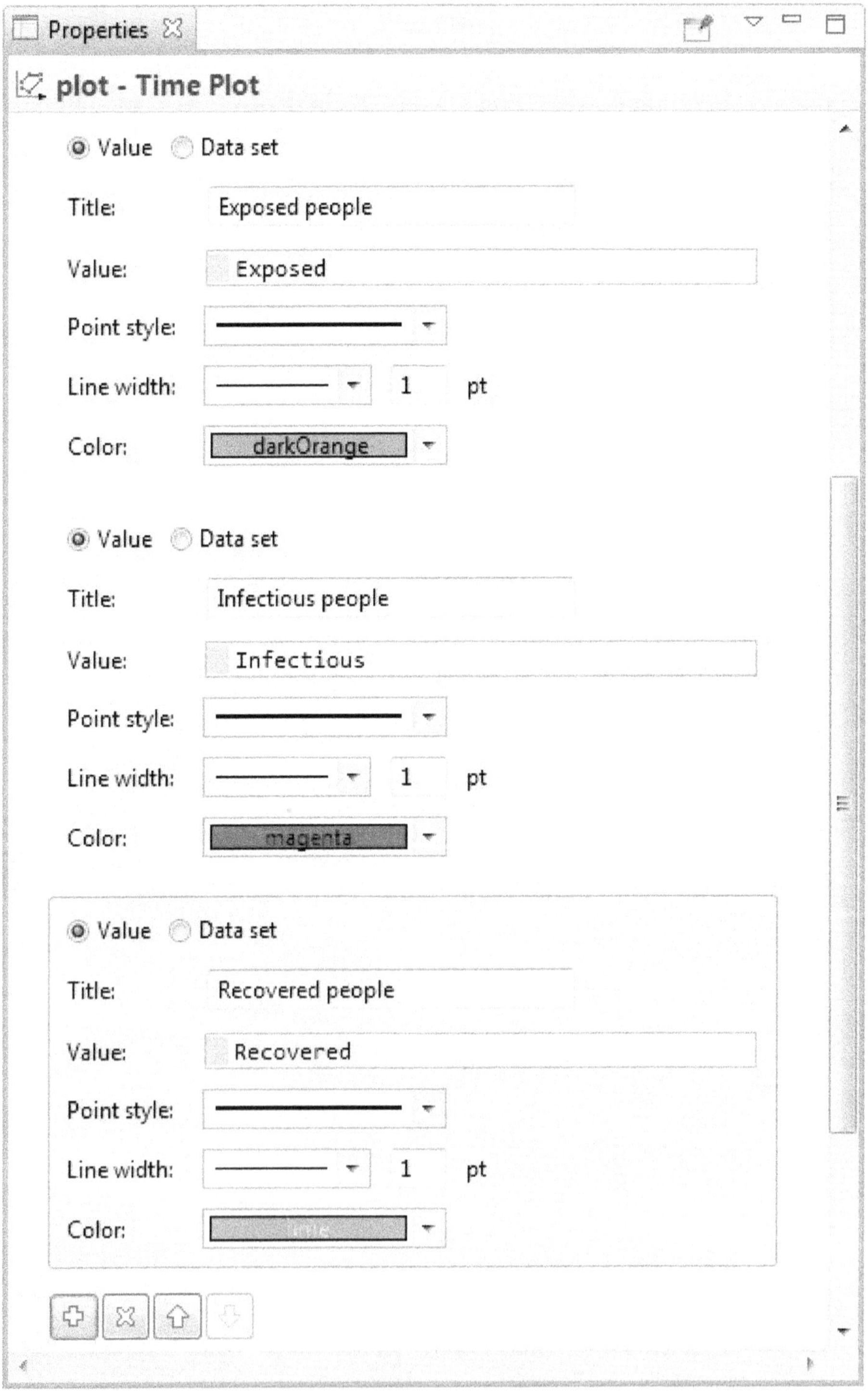
Properties
plot - Time Plot
Value
Data set
Title:
Exposed people
Value:
Exposed
Point style:
Line width:
1
pt
Color:
darkOrange
Value
Data set
Title:
Infectious people
Value:
Infectious
Point style:
Line width:
1
pt
Color:
magenta
Value
Data set
Title:
Recovered people
Value:
Recovered
Point style:
Line width:
1
pt
Color:

7. これでモデルが完成しました。モデルを実行し、システムの動的な振る舞いを確認して下さい。

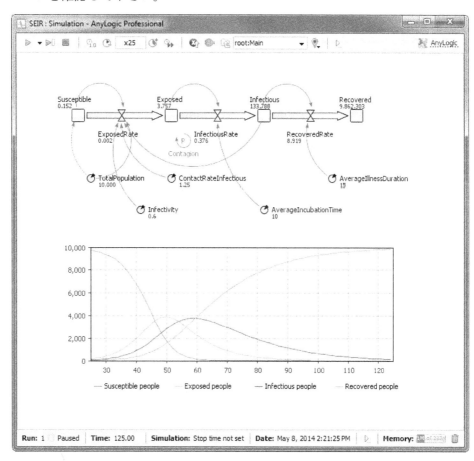

Phase 3. パラメータの変更

ここでは、異なる接触率が感染率にどう影響するのかパラメータを変更して試してみましょう。

パラメータの変更

1つのモデルにおいて1回あるいは複数回のパラメータの変更で複雑なモデル・シミュレーションが作成できます。実行後に、変更したパラメータがどのようにモデル結果に影響するのか、図にそれぞれの結果を表示することができます。

固定のパラメータ値で実行すれば、さらに、確率モデルの様々な要因の影響を評価することができます。

1. モデルに実験を追加するには、Projects ツリーにある (*SEIR*) を右クリックし、New にポイントを置き、Experiment をクリックします。

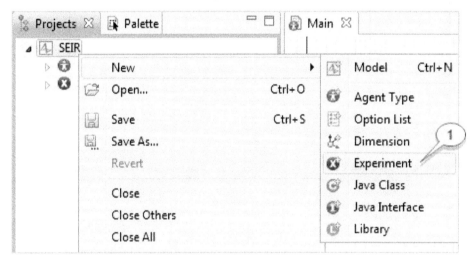

2. New Experiment ウィザードの Name フィールドに *ContactRateVariation* を入力してください。Top-level agent としてエージェントタイプ *Main* が選択されます。

3. Experiment Type の Parameter Variation をクリックし、Finish をクリックします。

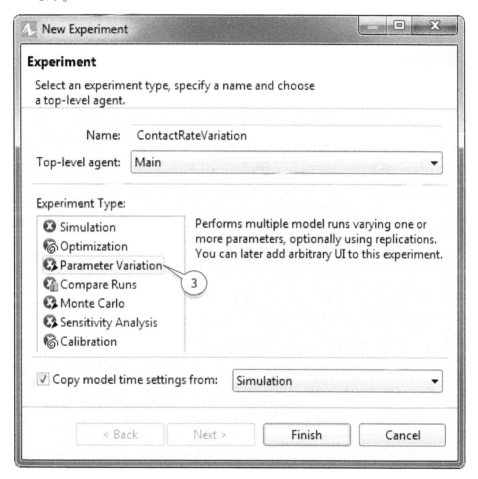

新しい実験の作成が完了したら、ダイアグラムとプロパティが表示されます。

4. プロパティにおいて、Parameters 画面を開きます。トップレベルエージェント（*Main* ）のパラメータが表示されます。

デフォルトにより全てのパラメータは *fixed* で設定されます。これらの値は Parameter Variation の実験中は変化しません。

▼ Parameters

Parameters: ◉ Varied in range   ⚪ Freeform

Number of runs: [10]

Parameter	Type	Value		
		Min	Max	Step
TotalPopulation	Fixed	10000		
Infectivity	Fixed	0.6		
ContactRateInfectious	Range	0.3	2	0.1
AverageIncubationTime	Fixed	10		
AverageIllnessDuration	Fixed	15		

5. 接触率の変化を確認するには、パラメータ *ContactRateInfectious* の Type を Range に変更します。

6. Min を *0.3* に、 Max を *2* に、 Step を *0.1* に設定することで、パラメータの最小値と最大値を設定します。

7. プロパティ画面で、Create default UI をクリックします。

▣ Properties ⌗

🔃 **ContactRateVariation - Parameter Variation Experiment**

Name: ContactRateVariation   ☐ Ignore

Top-level agent: Main ▾

Maximum available memory: 256 ▾ Mb

[Create default UI] ⑦

ダイアグラムにシンプルなユーザーインターフェースが表示されます。

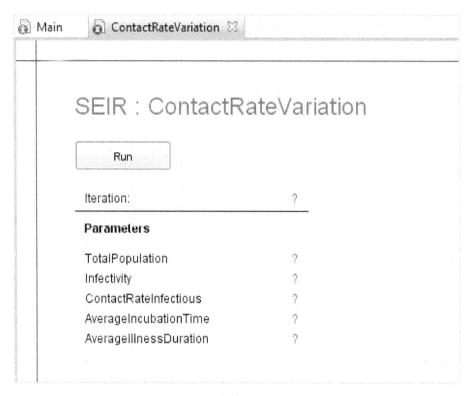

8. 正確に 300 日間のシミュレートを実行するには、モデルの生涯を 300 日に制限する必要があります。プロパティを開くには、Projects ツリーの *ContactRateVariation* をクリックしてください。Properties ビューの Model time を開き、Stop リストから Stop at specified time を選択し、Stop time ボックスに 300 と入力します。

実験結果を示すタイムプロット図を追加します。まずは感染者数に関するデータを収集することです。

9. *Main* ダイアグラムを開き、*Infectious* を右クリックし、Create Data Set をクリックします。

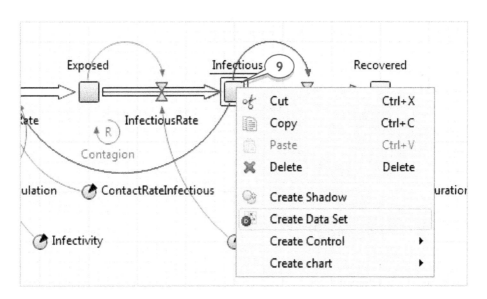

10. *InfectiousDS* データセットが表示されたら、そのプロパティを調整します。感染者の継時的な変化を記録するには、Use time as horizontal axis value チェックボックスのチェックは残したままにします。

11. Update data automatically を選択して、モデルの日毎に、データセットに
1 つのデータ・サンプルを追加するため、Recurrence time を 1 にします。

12. モデルを実行している間は、データ・サンプルを収集し続けるため、Keep
up to の latest samples を *300* とデータセット入力します。

これで、結果表示の *ContactRateVariation* 実験ダイアグラムに図表の追加の
準備ができました。

13. *ContactRateVariation* ダイアグラムを開いて、Analysis パレットから
Time Plot をドラッグします。

14. タイムプロットのプロパティを開き、Scale において、Time window を *300*
model time units と設定します。タイムプロットの時間軸が 300 まで表示
されることを確認します。

15. スクリーン上部の方へ、ひし形ハンドルをドラッグさせて、プロットの凡例に利用可能なエリアを拡大させてください。

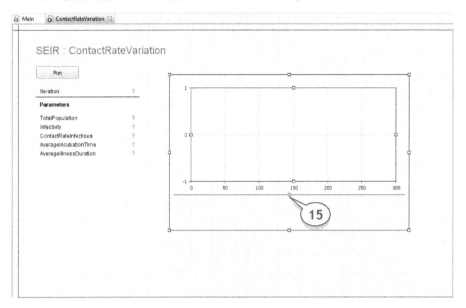

図の曲線は、モデル実行の結果をそれぞれ表示します:病歴は *InfectiousDS* データセットで収集された感染率までに及びました。

16. `Projects` ツリーの *ContactRateVariation* をクリックしてプロパティを開きます。次に、プロットにデータを追加するために `Java actions` に移動して、`After simulation run` で以下のコードを入力します。

```
plot.addDataSet( root.InfectiousDS,
"CR=" + format( root.ContactRateInfectious ) );
```

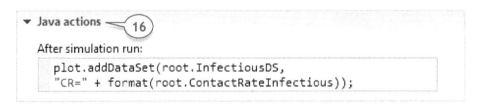

plot に複数の曲線(シミュレーション実行の一つ)を表示したいが、`Data` プロパティに直接、各シミュレーションのデータを追加することはできません。一組のパラメータセットでモデルは実行され、新たなパラメータセットが実行さ

れる前に蓄積されたデータは破棄されます。そのため、図表に各曲線を手動で追加する必要があります。

シミュレーションの終り毎に、AnyLogic では *Main* エージェントの *InfectiousDS* データセットにデータを保存します。実験のトップレベルには *root* を記述することでアクセスできます。つまり *InfectiousDS* にアクセスするには *root.InfectiousDS* と記述します。

既定の設定およびタイトル「データセット」として図表にデータセットを追加するには *addDataset(root.InfectiousDS)* と記述することができます。しかしながら、プロットの曲線を特定するのに役立つ一連の凡例を追加することをお勧めします。また、そのため、2 つの引数、*addDataSet(DataSet ds, String title)* を持つ *addDataSet()* 機能のもう一つの表記法を使用します。

CR-ラベル（ＣＲは接触率の略）と *ContactRateInfectious* 値からデータセットの凡例を構築します。トップレベルに定義したパラメータには *root* を記述することでアクセスできるので、*root.ContactRateInfectious* と記述します。得られるデータは double 型のため、関数「*format(double value)*」を利用して文字型にコンバートします。たとえば、図の凡例には、計算に 0.30001 などの完全な値を表示します。

17. *ContactRateVariation* 実験プロパティの Advanced を開いて、次に、Allow parallel evaluations チェックボックスのチェックを外してください。

18. 実験を実行し、かつ複数のシミュレーションから収集したデータを観察するチャートを使う準備が整いました。ツールバーの ⏺ Run で *SEIR / ContactRateVariation* を選択します。

19. Run をクリックしてください。

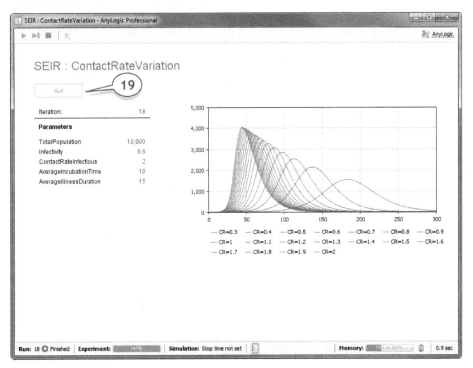

ContactRateInfectious の異なるパラメータ値をすべて使い、チャートにシミュレーション出力を追加する一連の実行を遂行します。

パラメータ変更の実験結果を確認する場合は、増加した接触率がどのように感染症をより速く蔓延させるかについて説明します。前に定義したパラメータ変更範囲の 18 ステップに相当する 18 反復(0.3~2 の範囲で接触率の 18 通りの感染シナリオ)がプロットに表示しているのが分かります。 凡例でその接触率(CR)値をクリックすることで、曲線をハイライトにすることができます。

Phase 4. キャリブレーション実験

ここでは、振る舞いが既知の(観察される)模範と一致することを裏付けるためにモデルのパラメータを調整します。

2 つのパラメータ(*Infectivity*、および *ContactRateInfectious*)を直接測定することができないので、モデルを使う前にそれらの値を確定する必要があります。最善の方法は、履歴データの再現モデルを裏付けるため、同様の事例の履歴データおよび調整したパラメータ値を使う過程である*キャリブレーション calibration* を使用します。

Calibration experiment

- *キャリブレーション実験 Calibration experiment* は、シミュレーション出力に相当するモデル・パラメータ値を置くため、備え付けのOptQuest オプティマイザー、最良適合、規定のデータを使います。

- キャリブレーション実験は繰り返しモデルを実行し、モデルの出力を履歴モデルと比較し、パラメータ値を変更します。一連の実行後、実験は、どのパラメータ値が最も良く履歴の模範と一致する結果をもたらすか判断します。

モデルに過去のデータ(経時的に感染した人々の数)を追加して始めます。データ・サンプルは表形式のテキストファイルに保存されていますが、AnyLogicでは、曲線にこのデータを使用することができます。

Table functions

- *表関数*はテーブル形式で定義した関数です。ユーザーは、いくつか(引数、値)の対を提供することで、関数を定義し、表関数を構築するためデータと選択した補間タイプの組み合わせを使用します。関数の引数として値を出す関数呼び出しが関数値を戻します(おそらく補間)。

- 標準関数の構成と説明しにくい複雑な非線形を定義するか、あるいは表関数のように定義された実験データを連続モードにもたらす表関数が必要になる場合があります。

1. *Main* ダイアグラムを開き、System Dynamics パレットから 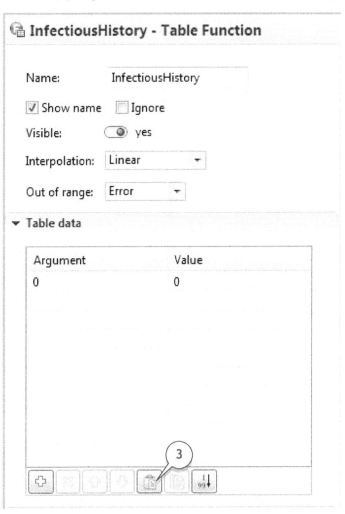Table function を追加し、*InfectiousHistory* と名前を付けてください。

2. *AnyLogic folder/resources/AnyLogic in 3 days/SEIR* の *HistoricData.txt* ファイルを開きます。*AnyLogic folder* は AnyLogic のインストール先になります。（例：Program Files/AnyLogic 7 Professional）

3. クリップボードにテキストファイルの内容をコピーし、Table function の Table Data セクションを開き、Paste from clipboard ボタンをクリックします。Argument と Value は自動的に記入されます。

4. Table function の Preview セクションにデータを基に作られた曲線が確認できます。

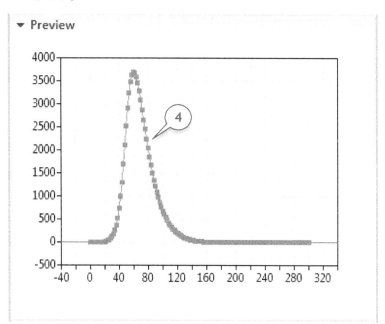

5. Table function の **Table data** には 0〜300 のデータを記入しました。範囲外のデータに対応するために、Table function の Out of range に Nearest を設定します。

最も近い有効な引数が関数を推測するには、オプションの Nearest を利用します。これは、範囲左側すべての引数で、関数が左端のポイントで値を捕らえることを意味します。反対に、範囲右側すべての引数で、関数が右端のポイントで値を捕らえます。プレビューは、現在および推測を反映しています。

試験の準備ができました。

6. Projects ツリーのモデル名 *SEIR* を右クリックし、New にポイントを置き、Experiment をクリックします。New Experiment ウィザードで Experiment type を Calibration で選択し、Next をクリックします。今回は、パラメータの設定にウィザードを使います。

7. *Infectivity* と *ContactRateInfectious* のパラメータタイプを Fixed から continuous に変更します。次に、下図に示す範囲 Min と Max の値を設定します。

Parameters:

Parameter	Type	Value	Min	Max	Step
TotalPopulation	fixed				
Infectivity	continuous		0.005	1	
ContactRateInfectious	continuous		0.01	3	
AverageIncubationTime	fixed				
AverageIllnessDuration	fixed				

8. 下に表示された Criteria 表において、次の情報を入力してください。

- Title: *Infectious curve match*

- Match: *data series*

- Simulation output: *root.InfectiousDS*

- Observed data: *root.InfectiousHistory*

- Coefficient: *1.0*

Criteria:

Title	Match	Simulation output	Observed data	Coef
Infectious curve match	data series	root.InfectiousDS	root.InfectiousHistory	1.0

再び、トップレベルのエージェント *Main* は、root としてここで利用できます。シミュレーション実行後にモデル出力を保存し、かつ *InfectiousHistory* 表からの過去データと比較するには、データセット *InfectiousDS* を使用します。

本モデルは基準が一つでしたが、多数の基準がある場合は、係数を使用することができます。

9. Finish をクリックします。*Calibration* 実験のダイアグラムには設定されたユーザーインターフェース(UI)を表示します。

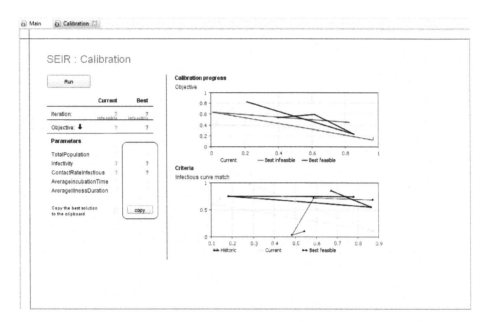

下の図はプロパティを示しています。目的はモデル出力および履歴データ間の
差を最小限にすることです。

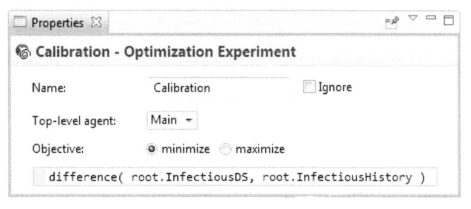

10. キャリブレーション実験プロパティ Advanced を開いて、次に、Allow
    parallel evaluations のチェックボックスのチェックを外してください。

11. Projects ビューから *Calibration* を右クリックして実験を実行してくださ
    い。あるいは ⓟRun ツールバー・メニューの実験リストから *SEIR /
    Calibration* を選んで実験を実行してください。

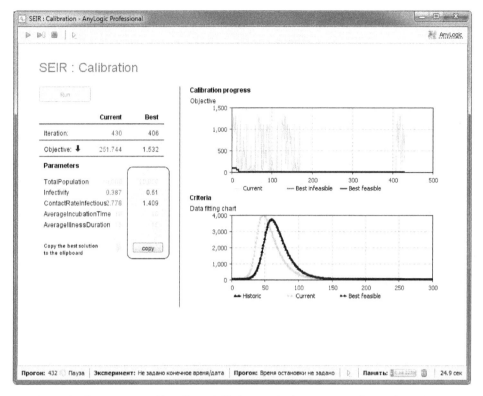

12. キャリブレーション終了後、実験ウィンドウの copy ボタンをクリックして、最適なパラメータ値をコピーします。次に、*Simulation* 実験のプロパティページにある Paste from clipboard ボタンをクリックして、シミュレーション実験に、それらを貼り付けることができます。

パラメータ値を貼り付けた後、新たにキャリブレーションされたパラメータ値でシミュレーションを実行することができます。

4. 離散事象モデル
(Discrete-event modeling)

　離散事象モデリングは、システムダイナミクスとほぼ同時期に誕生しました。1961 年、IBM 社のエンジニアであった Geoffrey　Gordon が GPSS を初めて導入し、これが離散事象モデリングの最初の実施例であったと言われています。今日では GPSS の発展版を含む数多くのプログラムが離散事象モデル構築を可能にしています。

♦ **離散事象モデリングでは、モデル構築者はシステムをプロセス（エージェント（agent）を巡って行われる一連のオペレーション）として捉えることを求められます。**

モデルのオペレーションには、遅延や様々な資源によるサービス提供、プロセスに関する支流の選択、分割、その他が含まれます。エージェント（agent）が限られた資源を奪い合い、遅延が発生する限り、離散事象モデルには待ち行列が部分的に発生します。

　離散事象モデルはプロセス・フロー図を用いて可視的に表現され、各オペレーションはブロックにより表現されます。通常、フローチャートはエージェントを生成する "source" ブロックから始まり、"sink" ブロックで終了します。

　　エージェント-(GPSS では取引(*transaction*)と言い、他のシミュレーションソフトウェアではエンティティと言う) は、顧客、患者、通話、物理的/電子的書類、パーツ、製品、パレット、コンピュータ取引、捕り物、作業、プロジェクト、アイデア等を再現します。リソースは、従業員、医師、オペレーター、労働者、サーバー、CPU、コンピュータメモリ、設備、輸送等を再現します。

　通常、サービス時間及びエージェントの到着時間は、ある確率分布を伴う確率過程です。従って、離散事象モデルも確率過程となります。よって、有意義な成果を出すまでには、特定時間以上作動させるか、あるいは、反復して作動を完了させなければなりません。

離散事象モデルを利用することで、一般的には以下のようなアウトプットを得ることが可能になります。

- 資源の利用状況

- エージェントがシステム内、又はその一部に滞在する時間

- 待ち時間

- 待ち行列の長さ

- システム処理量

- ボトルネック

4.1 ジョブショップ（受注生産方式）モデル

この章での目標は、小規模なジョブショップ（注文生産方式）での生産と発送のプロセスをシミュレートする、ディスクリートイベントモデルを作成することです。荷卸しされた原料は CNC マシンで処理されるまで、ストレージに保管されます。

Phase1.　シンプルモデルの作成

ジョブショップへのパレットの到着、荷卸し場からの保管、フォークリフトの待機場をシミュレートするシンプルモデルの作成からスタートします。

1. 新しいモデルを作成します。New Model ウィザードの Model name に *Job Shop* と入力し、Model time units に minutes を指定します。最後に Finish をクリックします。

2. Presentation パレットを開きます。パレットにはモデルにアニメーションを描ける様々な図形が揃っています。（長方形、線、楕円、ポリライン、曲線など）

3. Presentation パレットから Image 選択し、*Main* ダイアグラムにドラッグします。Image は様々な画像形式をプレゼンテーションに追加できます。（PNG、JPEG、GIF、BMP）

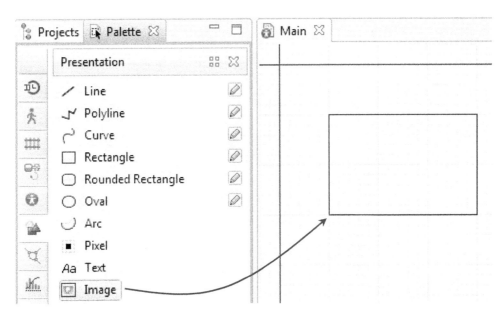

4. 表示されたダイアログボックス（プロンプト）を用いて画像ファイルを選択します。

5. 以下のフォルダを参照し、画像 *layout.png* を選択します。（*AnyLogic folder* とは AnyLogic のインストール先です。）

   AnyLogic folder/resources/AnyLogic in 3 days/Job Shop

画像 *layout.png* を選択すると、*Main* ダイアグラムは以下の画像のようになります。

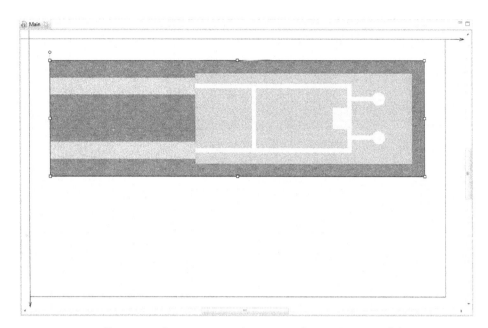

AnyLogic は画像をオリジナルのサイズで *Main* ダイアグラムに追加しますが、画像の縦横を伸縮することもできます。もし、以下の図のように画像の縦横比を歪めてしまった場合は、Properties ビューを開き、Reset to original size ボタンを押すことでオリジナルサイズに戻すことができます。

6. グラフィカルエディタ内で画像を選択します。Properties ビュー内の Lock チェックボックスを選択し、画像をロックします。

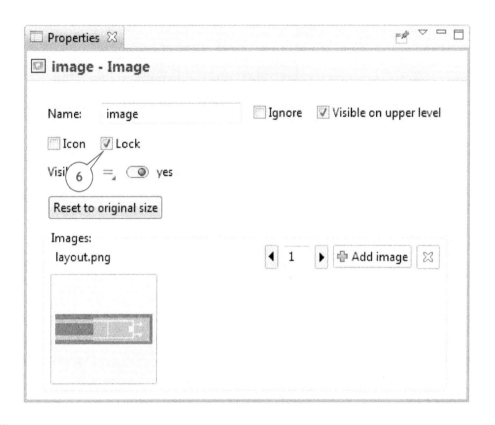

図形のロック

- マウスのクリックに反応して欲しくない、またはグラフィカルエディタ内で選択しない場合は、図形をロックして保護することができます。工場または病院のような施設を表すレイアウトの上に図形を描く場合に有効な手段です。

- 図形のロックを解除する場合は、グラフィカルエディタを右クリックしメニューから Unlock All Shapes を選択します。

スペースマークアップ要素

次のステップは Space Markup パレットを使用して、スペースマークアップ図形をジョブショップのレイアウト上に配置します。Space Markup パレットは Path 要素、Node 要素、Attractor 要素、Pallet Rack 図形を含みます。

ネットワークの作成

Path や Node はエージェントの位置を定義するスペースマークアップ要素です。

- Node はエージェントが駐在、もしくは作業を行うような場所です。

- Path はエージェントが Node 間を移動するための経路です。

Node と Path で、モデルのエージェントが移動できるネットワークを構築します。エージェントは現在位置と目的地を最短経路で移動します。モデルのプロセスに、物理的な空間を移動するエージェントやリソースが存在するならば、たいていの場合ネットワークを作成します。

ネットワークとそれらの構成部品を少し理解したところで、モデルの保管庫への移動経路を作成します。まず始めに、長方形の Node を使ってジョブショップのレイアウトに明確なエリアを定義します。

下図のようにジョブショップの入り口に、パレットの荷卸し場として長方形の Node を描き入れます。

7. Space Markup パレットを開き ⬚Rectangular Node を *Main* ダイアグラムにドラッグします。下図のようにサイズを調整します。

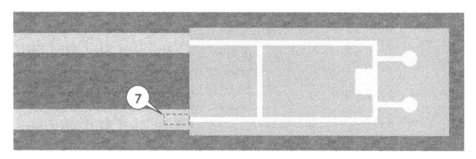

8. 作成したノードに *receivingDock* と名前を入力します。

9. フォークリフトが待機状態か、エージェントの作業が完了し必要がなくなった場合に待機する、フォークリフトの駐車位置を定義するノードを描き入れます。下図に示すように、もう一つ ⬚Rectangular node を描き、*forkliftParking* と名前を入力します。

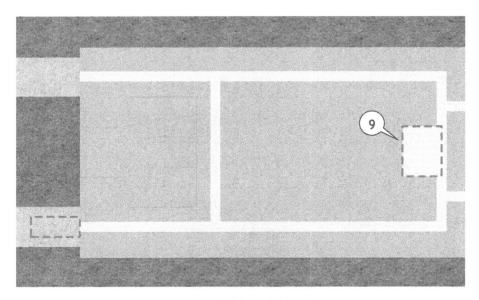

フォークリフトを誘導するための移動経路を描きます。

10. フォークリフトを誘導するための移動経路を描くために、下記を行います。

    a. Space Markup パレットの中から ⤵Path をダブルクリックし、描画モードにします。

    b. *receivingDock* の境界をクリックします。引き続きダイアグラム内をクリックし、経路のコーナーを追加します。最後に*forkliftParking* の境界をクリックし、下図に示すような経路を描きます。

ノードの接続に成功した場合、パスを選択すると両端の接続点がシアンにハイライトされます。

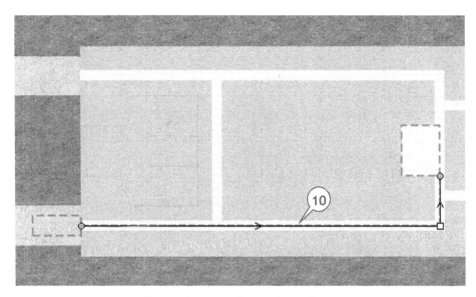

AnyLogic7 のパスは既定の設定では双方向です。プロパティの Bidirectional の選択を解除し移動方向を定義することで、選択された経路を一方通行に制限できます。パスを選択した際にグラフィカルエディタに表示される矢印の向きで経路の方向を確認できます。

11. Space Markup パレットから⊞Pallet Rack をレイアウトの経路上にドラッグし、モデルの保管庫を定義します。Pallet Rack が正しく配置されたら、緑でハイライト表示され、ネットワークに接続されたことを示します。

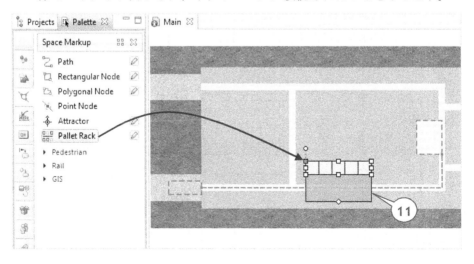

パレットラック

スペースマークアップ要素の⊞Pallet Rack は、倉庫や保管庫でよく見かける
パレットラックをグラフィカルに表示します。下図のような3つの構成があり
ます。

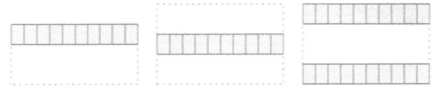

a) One rack, one aisle   b) One rack, two aisles   c) Two racks, one aisle

Pallet Rack は、通路に沿った 1 階層、もしくは複数階層の棚（エージェント
を格納できる）を制御します。

12. Pallet Rack の Properties を次のように設定します。

  a. Type を *two racks, one aisle*

  b. Number of cells: *10*

  c. Level height: *10*

  Position and size セクション

  d. Length: *160*

  e. Left pallet rack depth: *14*

  f. Right pallet rack depth: *14*

  g. Aisle width: *11*

13. 設定が完了したら Pallet Rack は下図のようになります。必要ならば、中
央の通路がパスの経路上になる様に、Pallet Rack を移動します。Pallet
Rack を選択し、ネットワークに接続されていることを確認します。最初の
クリックは Pallet Rack を選択し、2 度目のクリックはネットワーク全体
を選択します。Pallet Rack が緑のハイライトで表示され、ネットワーク
に接続されていることを確認します。

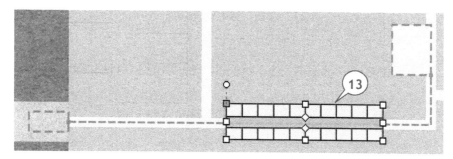

レイアウト上の重要な位置や経路を、モデルの空間を作成しました。ここから
は、AnyLogic の *Process Modeling Library* を用いてモデルのプロセスを作成
します。

プロセスモデリングライブラリ

AnyLogic の *Process Modeling Library* は、エージェントやリソース、プロセ
スを組み合わせて、現実世界のプロセス中心モデルを作成することができます。
このセクションの最初でエージェントとリソースについて学習しました。キュ
ー、ディレイ、リソースを含む作業手順の基礎部分を作成します。

モデルのプロセスは、*Process Modeling Library* の部品を用いてグラフィカ
ルに構築できるフローチャートで定義します。次のステップで、プロセスのフ
ローチャートを作成します。

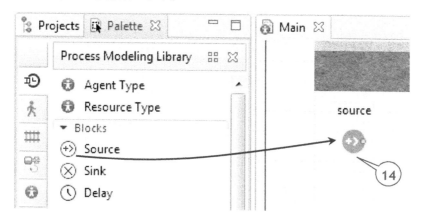

14. Process Modeling Library パレットから Source をグラフィカルエディ
　　タにドラッグし、*sourcePallets* と名前を入力します。

　　Source は通常、プロセスの出発点として用います。本モデルではパレット
　　を発生させるために用います。

15. *sourcePallets* の Properties を、パレットが 5 分ごとに *receivingDock* ノー
    ドに発生するように、下記の設定を行います。

     a.   Arrivals defined by リストから Interarrival time を選択します。

     b.   Interarrival time に 5 を入力します。右側のリストから minutes を
           選択し、パレットを 5 分ごとに到着させます。

     c.   Location of arrival リストから Network / GIS node を選択します。

     d.   Node を *receivingDock* にします。

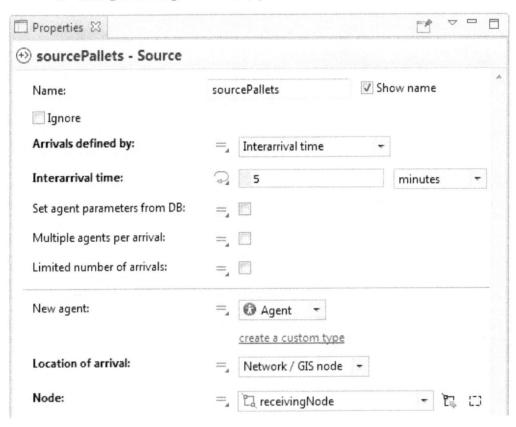

部品のパラメータでモデル要素を参照する方法

部品のパラメータに、要素を選択する方法が２つあります。

● パラメータの傍に表示される、有効な要素のリストから選択できます。

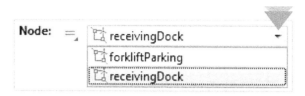

● リストの傍に表示される [image] ボタンをクリックし、要素を直接選択します。選択ボタンをクリックすると、有効な要素だけに制限されたグラフィカルエディタからクリックして選択します。

引き続き、Process Modeling Library を追加してフローチャートを構築します。

16. Process Modeling Library パレットから [image]RackStore をダイアグラムにドラッグします。*sourcePallets* に近づけると、2 つの部品は自動的に接続されます。（下図参照）
RackStore はパレットを棚に格納します。

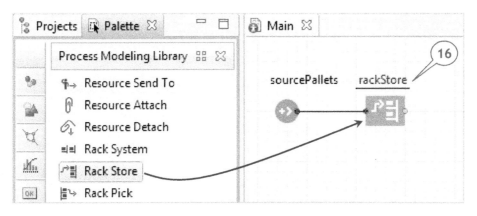

17. *rackStore* の Properties を、次のように設定します。

   a. Name を *storeRawMaterial* と入力します。

   b. Pallet rack / Rack system を *palletRack* にします。

   c. Agent location (queue) を *receivingDock* にします。エージェントが格納されるまで待機する場所を指定します。

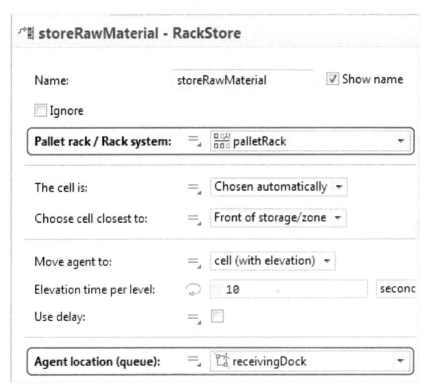

18. ⏱Delay を追加し、パレットがどのようにラックで待機するかをシミュレートします。Delay に *rawMaterialInStorage* と名前を入力します。

AnyLogic が部品の右ポートを、次の部品の左ポートに自動接続することが確認できます。Process Modeling Library の部品はそれぞれ、左に入力ポート、右に出力ポートを持っています。入力ポートと出力ポートを接続しなければいけません。

19 *rawMaterialInStorage* の Properties を、次のように設定します。

a. Delay time に *triangular(15, 20, 30)* と入力し、リストから minutes を選択します。

b. Maximum capacity チェックを選択し貯蔵庫から運び出されるまで、詰りが発生しないようにします。

☐ Properties ✕

⏱ **rawMaterialInStorage - Delay**

Name: rawMaterialInStorage   ☑ Show name

☐ Ignore

Type: ◉ Specified time
                 ○ Until stopDelay() is called

Delay time: ↻   triangular(15, 20, 30)   minutes ▾

Maximum capacity: ☑

20. ⇨RackPick をフローチャートに接続し、*pickRawMaterial* と名前を入力します。

RackPick は棚からパレットを運び出し、指定された地点に移動させます。

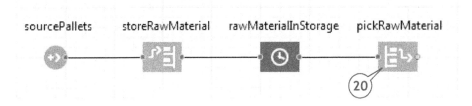

21. *pickRawMaterial* の Properties を、次のように設定します。

    a. Pallet rack / Rack system を *palletRack* にします。パレットの供給元を指定します。

    b. Node を *forkliftParking* にします。フォークリフトの駐車場所を指定します。

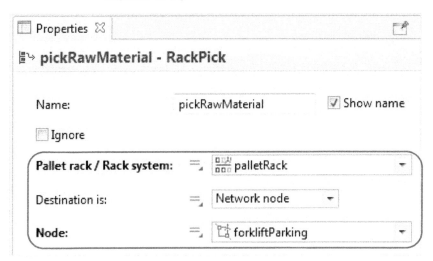

22. Sink を追加します。⊗Sink は通常、フローチャートの終点に配置します。

23. シンプルなモデルの作成は完了です。モデル(*Job Shop / Simulation experiment*)を実行し、振る舞いを観察します。

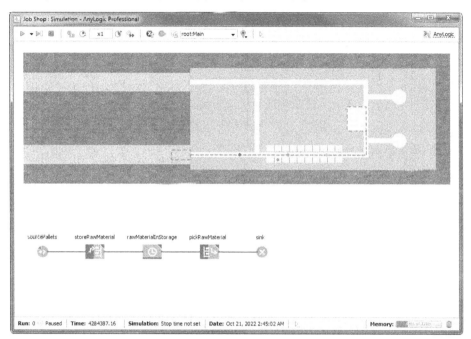

もし Exception during discrete event execution エラーが表示されたら、Pallet Rack がネットワークに接続されているか確認します。グラフィカルエディタから Pallet Rack を選択し、通路がネットワークに接続されたことを示す緑のハイライト表示になるまで移動させて、モデルを再実行します。

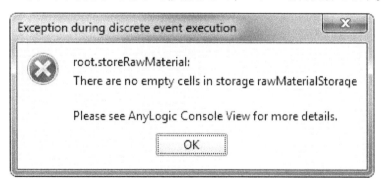

Phase2. リソースの追加

続いてモデルに、パレットを格納・搬出し、さらに製造エリアへ運び入れるリソース（フォークリフト）を追加します。

リソース

リソースは定義された作業を行うためにエージェントが使用するオブジェクトです。エージェントはリソースを使用して作業を行い、リソースを開放します。

リソースの例を下記に示します。

- 病院モデルでの医師、看護師、設備、車いす

- 流通モデルでの車両、コンテナ

- 倉庫モデルでのフォークリフト、作業員

リソースには 3 つのタイプがあります。（スタティック[移動不可]、ムービング[移動可能]、ポータブル[持ち運び可能]）

- スタティック・リソースは特定の場所に固定されます。移動することも、移動させることもできません。

- ムービング・リソースは独立して移動できます。

- ポータブル・リソースはエージェントや、ムービング・リソースによって移動させることができます。

AnyLogic では、Process Modeling Library の ┳┳ResourcePool を用いて、リソースのセットやプールを定義します。リソース・ユニットはそれぞれの属性を持つことができます。さらに、リソースは状態遷移図や、パラメータ、関数を追加できるグラフィカルなダイアグラムがあります。

本モデルのリソースは、荷卸し場からパレットを格納し、製造場所へ搬出するフォークリフトです。

1. 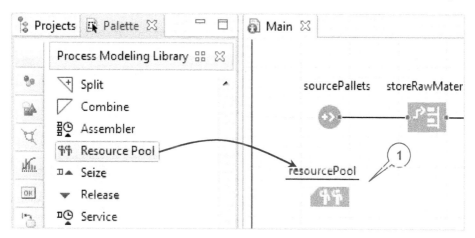Process Modeling Library パレットから、ResourcePool を *Main* ダイアグラムにドラッグします。フローチャートに接続する必要はありません。

2. 名前を *forklifts* と入力します。

3. *forklifts* の Properties を表示し、create a custom type ボタンをクリックします。この方法で新しいリソースの型を作成します。

4. 表示された New agent ウィザードを次のように設定します。

   a. Agent type name を *ForkliftTruck* と入力します。

   b. Next をクリックします。

c. Step2. Agent animation 画面が表示されます。ウィザードの左側に
    あるリストから Warehouses and Container Terminals を展開し、3D
    アニメーション図形の Fork Lift Truck をクリックします。

d. Finish をクリックします。

エージェントタイプ（型）*ForkliftTruck* のダイアグラムが表示され、ウィザードで選んだアニメーションが確認できます。

5. Main タブをクリックし、*Main* ダイアグラムを表示します。

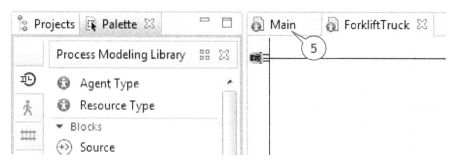

ResourcePool の New resource unit パラメータに、リソースタイプ（型）*ForkliftTruck* が選択されたことを確認します。

6. *forklifts* のパラメータを変更します。

    a. Capacity を 5 に変更し、本モデルのフォークリフトの台数を定義します。

    b. Speed を 1 に変更し、右のリストから meters per second を選択します。

    c. Home location (nodes) を *forkliftParking* に変更します。 ボタンをクリックし、リストから forkliftParking を選択します。

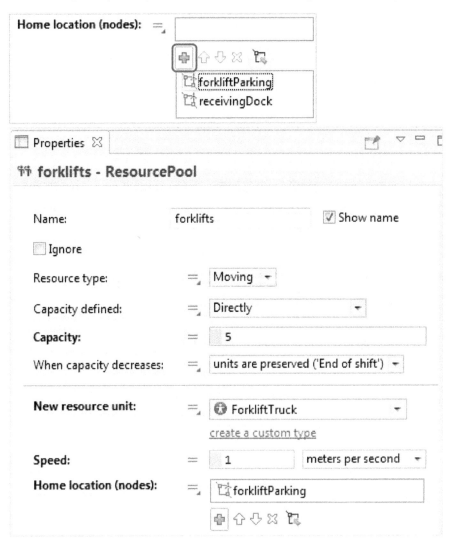

リソースは定義しましたが、フローチャートの部品に関連付ける必要があります。

7. *storeRawMaterial* の Properties を、次のように設定します。

    a. Resources セクションを展開します。

    b. Use resources to move チェックを選択します。

    c. Resource sets (alternatives)に forklifts を追加し、エージェントを移動させるためにリソース（フォークリフト）を使用できるように定義します。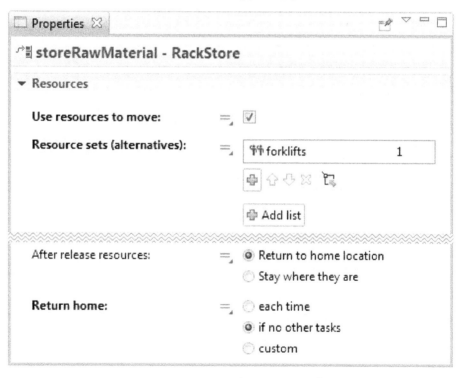ボタンをクリックし、モデルのリソースリストから forklifts を選択します。

    d. Move at the speed of resource チェックを選択し、Moving resource リストから forklifts を選択します。

    e. Return home を if no other tasks に変更し、フォークリフトの作業が完了したら駐車場に戻るように定義します。

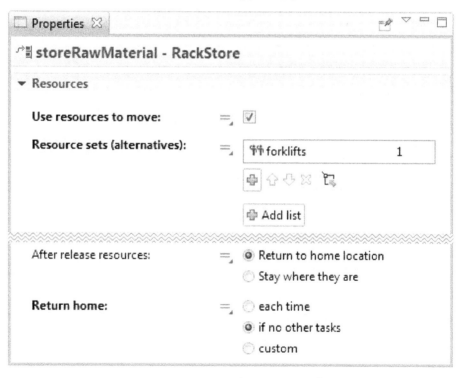

8. *pickRawMaterial* の Properties を、次のように設定します。

   a.　Resources セクションを展開します。

   b.　Use resources to move のチェックを選択します。

   c.　Resource sets (alternatives)に forklifts を追加し、エージェントを移動させるためにリソース（フォークリフト）を使用できるように定義します。

   d.　Move at the speed of resource チェックを選択し、Moving resource リストから forklifts を選択します。

   e.　Return home を if no other tasks に変更し、フォークリフトの作業が完了したら駐車場に戻るように定義します。

本モデルではリソース（フォークリフト）がエージェント（パレット/荷物）を移動する場合、RackStore（又は RackPick)でリソースを確保、エージェントに移動する、エージェントをピックアップする、エージェントを棚に運ぶ、リソースの使用を完了し、再利用可能状態とする。

9.　モデルを実行します。

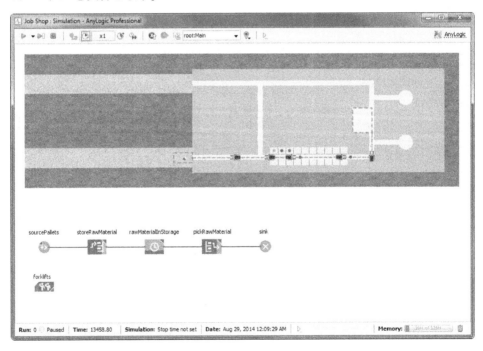

フォークリフトがパレットを拾い上げ、棚に格納することが確認できます。短時間保管され、フォークリフトがパレットを駐車場へ移動し、パレットは消滅します。

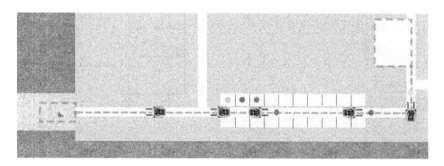

Phase 3. 3D アニメーションの追加

これまでに、AnyLogic が強力なモデリングツールであることを学びました。
ここではさらに、3D アニメーションを追加します。

カメラの導入

AnyLogic のカメラは 3D ウィンドウの視界を定義でき、様々なアングルで、モデルの振舞を見ることが出来ます。

同一の 3D アニメーションを複数の視点から撮影するために、複数のカメラを作成することができます。複数のカメラを使用すれば、ランタイムの特定の視点から、別の視点に容易に変えられます。

1. Presentation パレットから Camera をジョブショップのレイアウト向くように、*Main* ダイアグラムにドラッグします。

2. 3D Window を *Main* ダイアグラムに作成した、プロセスのフローチャートより下にドラッグします。

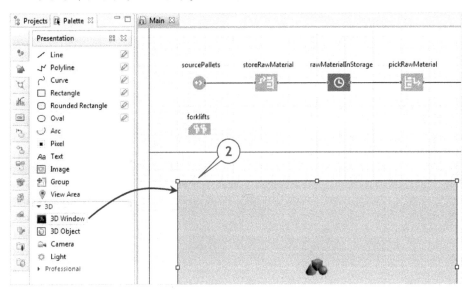

3D ウィンドウ

モデルに様々な視点の選択を追加します。さらに、異なる視点から見た 3D 場面を表示するために、それぞれ 3D Window を追加できます。

3. camera に 3D Window に表示する絵を撮影させます。3D Window の Properties で、Camera リストから camera を選択します。

4. Navigation type リストから Limited to Z above 0 を選択し、視点が床の下へ潜り込むことを制限します。

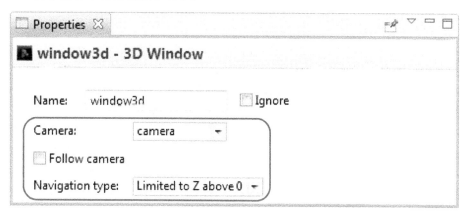

5. モデルを実行します。

AnyLogic では 3D Window を作成すると、ランタイムのビューエリアに 3D Window までのナビゲートを追加します。ツールバーの Navigate to view area…ボタンをクリックし[window3d] ボタンを選択すると、3D Window に切り替わります。

ビューエリアから選択すると、3D Window はランタイムウィンドウ内で最大表示になります。

6. ランタイムの 3D では下記の操作が行えます。

   - マウスドラッグで、カメラを選択した方向（前後左右）に移動できます。

   - マウスホイールの回転で、カメラを場面の中心に向かって接近・後退できます。

   - Alt キー+マウスドラッグで、場面を回転できます。

7. ランタイムで表示したい視点を選択し、3D シーン内を右クリック（Mac OS は CTRL+クリック）、Copy the camera's location を選択します。

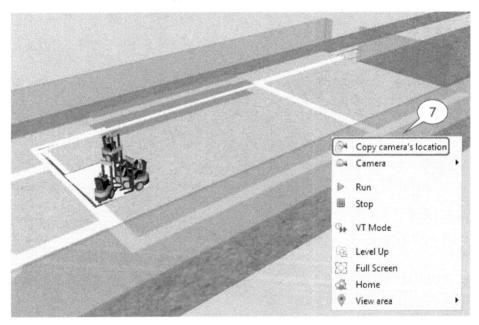

8. シミュレーション実行画面を閉じます。

9. Camera の Properties で、Paste coordinates from clipboard ボタンをクリックすると、先ほど選択したカメラ位置を適用できます。

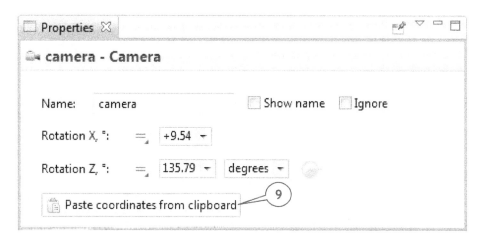

＜注意＞もし Camera を *Main* ダイアグラムで選択しにくい場合は、Projects ツリーで選択できます。*Main* エージェント内の Presentation 項目以下に *camera* は表示されます。

10. 定義したカメラ位置を確認するためにモデルを実行します。確認したらシミュレーション実行画面を閉じます。

11. Space Markup パレットを開き、Pedestrian エリアにある 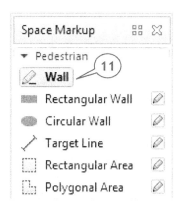Wall をダブルクリックし描画モードにします。

12. ジョブショップのレイアウトで、作業領域の周囲に壁を作るために下記を行います。

    a. グラフィカルエディタ内で、壁の描きはじめをクリックします。

    b. マウスポインターを次の角まで移動し、クリックして壁の方向を変えます。

    c. 壁の描き終わりでダブルクリックします。

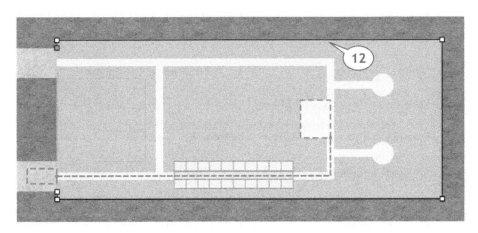

13. 壁の色とテクスチャを変更するために、下記を行います。

    a. 壁の Properties で、Appearance セクションを開きます。

    b. Color のメニューから Other colors…を選択します。

    c. Colors ダイアログで、palette または spectrum から任意の色を選択します。

    同様に、透過レベル（Colors ダイアログの Transparency スライダーを使う）を選択したり、壁のテクスチャ（Color のメニューから Textures…を選択）を変更できます。

本セクションではモデルに Pedestrian Library の Wall を活用しました。後のチュートリアルとして空港の歩行者モデルを作成する際、Wall の特別な働きを紹介します。

14. 壁の Position and size セクションで、Z-Height を *40* とします。

Wall が 3D シーンで壁であるために、AnyLogic は図形の高さとして 20 ピクセルを自動入力します。ここではその高さを 40 ピクセルに増加させました。

15. 出入口の間の壁を作成し、最初の壁と一致するように Properties を変更します。

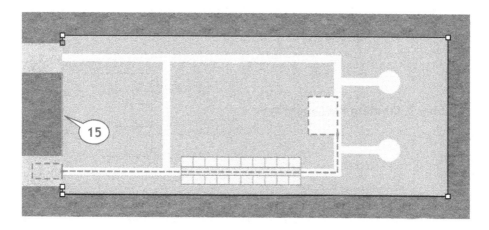

16. モデルを実行し 3D アニメーションを確認します。

現在のモデルではパレットが円柱で表示されています。これからパレットをより表現力の高いアニメーションに変更するために、エージェントタイプ（型）を作成します。

17. 配置された *sourcePallets* の Properties で、New agent リストの下部にある create a custom type ボタンをクリックします。

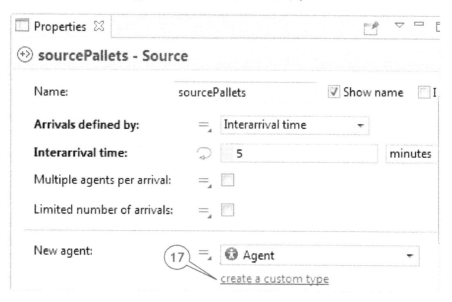

18. 表示された New agent ウィザードを次のように設定します。

a. Agent type name を *Pallet* と入力します。

b. Next をクリックします。

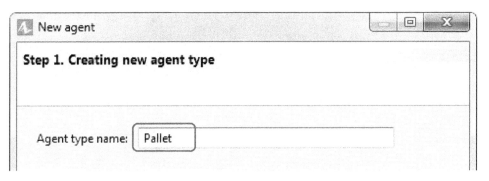

c. Step2. Agent animation 画面が表示されます。ウィザードの左側に
   あるリストから Warehouses and Container Terminals を展開し、3D
   アニメーション図形の Pallet をクリックします。

d. Finish をクリックします。

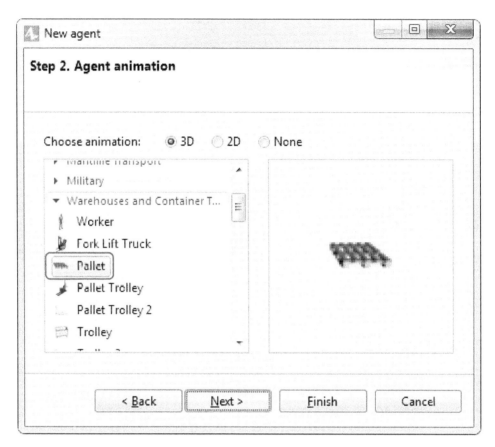

AnyLogic はパレット用のエージェントタイプ（型）を作成し、ウィザードで
選択したアニメーションが表示された *Pallet* ダイアグラムを開きます。次に、
パレットの上に載せられた製品のアニメーションを追加します。まずは、操作
しやすいように視野を拡大表示します。

19. Zoom ツールバーを用いて、*Pallet* ダイアグラムを 500%に拡大します。次
にキャンバスを右下にずらして座標軸の起点に描かれたパレットのアニメ
ーションを確認します。

視野を拡大・縮小

AnyLogic の Zoom ツールバーを用いて、グラフィカルダイアグラムの視野を拡大・縮小できます。

20. パレットのアニメーション上に製品のアニメーションを加えるため、下記を行います。

    a.　3D Objects パレットの Boxes エリアを開きます。

    b.　Box 1 Closed をパレットの左上の角にドラッグします。

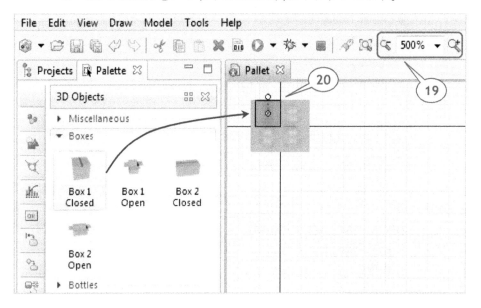

21. そのままではパレットに比べて大きすぎるので、*Box_1_Closed* の Scale を *75%*にします。

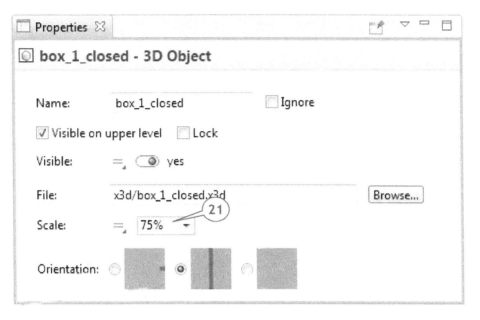

22. *Box_1_Closed* の Properties で、Position セクションを開き、Z 座標を *2* にします。

配置されているパレットの高さは 2 ピクセルなので、製品の Z 座標を調整しパレットの上に配置します。

23. 配置した *Box_1_Closed* をコピーして、残りの 3 コーナーに製品を配置します。*Box_1_Closed* をドラッグし、Ctrl を押しながらドロップするとコピーできます。

パレットの 4 隅に製品を配置したらツールバーの [🔍] Zoom to 100%ボタンを押して、ズームレベルを 100%に戻しておきます。

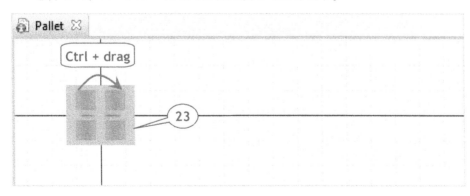

24. *Main* ダイアグラムを開きます。

配置された *sourcePallets* の Properties で、New agent に *Pallet* が選択されていることを確認します。*sourcePallets* は *Pallet* 型のエージェントを生成します。

25. モデルを実行します。

パレットが多色の円柱から変更できたことを確認します。しかし、3D シーンを拡大すると、フォークリフトがパレットから離れているので輸送しているようには見えません。そこでパレットのアニメーション位置を移動させることで、フォークリフトがパレットを拾い上げるように修正します。

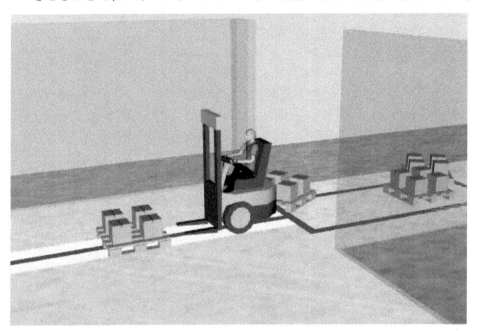

26. Projects ビューから *ForkliftTruck* エージェントタイプ（型）をダブルクリックし、ダイアグラムに表示します。配置されている *forkliftWithWorker* をセル一つ分右へ移動します。

フォークリフトの位置を正しく修正したことで、フォークリフトがパレットを拾い上げているように見えます。

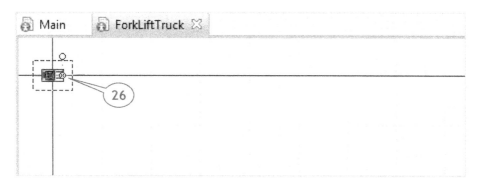

27. *Main* ダイアグラムを開き、*palletRack* の Properties で、Number of levels を *2* とします。

28. *storeRawMaterial* の Properties で、Elevation time per level を *30* seconds とします。

29. *pickRawMaterial* の Properties で、Drop time per level を *30* seconds とします。

30. モデルを実行し、棚が 2 段になったことを確認します。

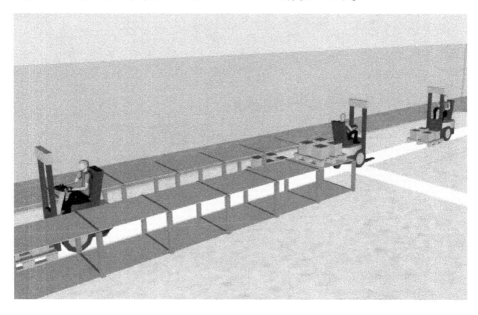

Phase4. トラックのパレット配送をモデル化

ここでは、ジョブショップにパレットを輸送するトラックを追加します。トラックのためのエージェントタイプ（型）の作成から始めます。

1. Process Modeling Library パレットから、⬤Agent type を *Main* ダイアグラムにドラッグします。

2. New agent ウィザードを次のように設定します。

   a. Agent type name に *Truck* と入力します。

   b. Next をクリックします。

   c. Step 2.Agent animation のリストから Road Transport セクションを開き、Truck を選択します。

   d. Finish をクリックします。

モデルのネットワークに部品を 2 つ追加します。トラックが到着するノードと、そこから荷卸し場までの経路です。

3. *Main* ダイアグラムを開きます。

4. Space Markup パレットにある ✎Point Node をトラックの進入口にドラッグします。

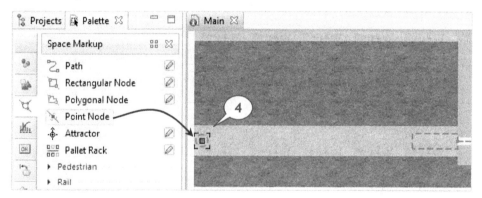

5. Point Node に *exitNode* と名前を入力します。

6. *exitNode* と *receivingDock* を接続する ⤴Path を描きます。

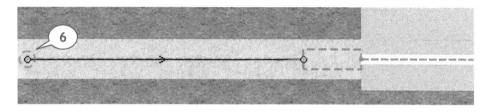

Space Markup の部品が全て 1 つのネットワークに接続できたことを確認します。

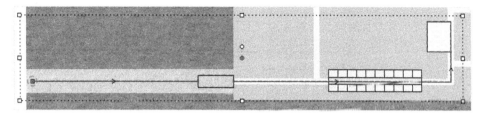

7. これまでに作成したプロセスのフローチャートとは別に、Process Modeling Library の部品を接続してトラックの移動ロジック用のフローチャートを作成します。

⊕ Source – →🏴 MoveTo – 🕐 Delay – →🏴 MoveTo – ⊗ Sink.

- Source はトラックを発生させます。

- 最初の MoveTo はジョブショップ入口（荷卸し場）までトラックを移動させます。

  MoveTo はエージェントをネットワーク内の新しい位置へ移動させます。もし、リソースがアタッチされていたら、双方一緒に移動します。

- Delay は荷卸しをシミュレートします。

- 2 つ目の MoveTo はトラックを退場させます。

- Sink はモデルからトラックを削除します。

8. Source に *sourceDeliveryTrucks* と名前を入力します。

9. *sourceDeliveryTrucks* の Properties を次のように設定し、予め定義したエージェントタイプ（型）*Truck* が、1 時間ごとに到着するようにします。

      a. Arrivals defined by を Interarrival time とします。

      b. Interarrival time に *1* を入力し、右のリストから hours を選択します。

      c. New agent を Truck とします。

      d. Location of arrival を Network/GIS node とします。

      e. Node を exitNode とします。

      f. Speed に *40* を入力し、右のリストから kilometers per hour を選択します。

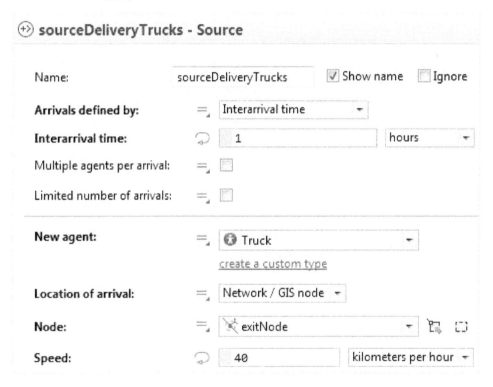

10. 最初の MoveTo に *drivingToDock* と名前を入力します。

11. *drivingToDock* の Properties で、Node を receivingDock とします。

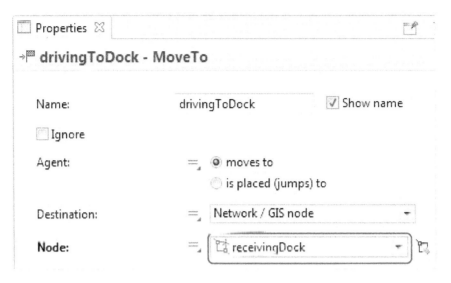

12. Delay に *unloading* と名前を入力します。

13. *unloading* の Properties を次のように設定します。

     a.   Type を Until stopDelay() is called とします。

     b.   Agent location を receivingDock とします。

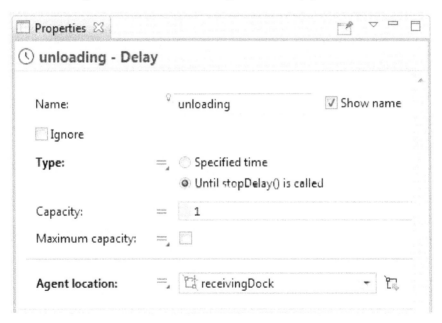

Delay の遅延時間はフォークリフトによるパレットの荷卸しに左右されます。RackStore がパレットを格納し終えると Delay の待機は完了します。以上をモデル化するために Delay の Type を変更し、動作モードを変更します。

プログラムによる遅延時間のコントロール

大抵の場合 Delay の動作には Delay time を指定します。それは「5 分」のように固定であったり、確率分布として「*triangular(1, 2, 6)*」のように指定したりします。

また、プログラムによって Delay の組み込み関数を呼ぶことで遅延時間をコントロールすることもできます。Delay で待機しているすべてのエージェントを完了させる場合は「*stopDelayForAll()*」関数を呼びます。別の「*stopDelay(agent)*」関数を呼ぶことで、特定のエージェントを完了できます。

14. 2 つ目の MoveTo に *drivingToExit* と名前を入力します。

15. *drivingToExit* の Properties で、Node を exitNode とします。

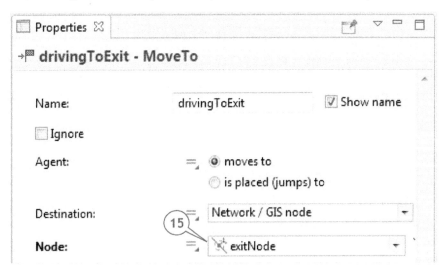

本モデルでは 2 つの Source が 2 つのエージェントを発生させます。トラックは 1 時間ごとに到着し、パレットは 5 分ごとに発生します。トラックの荷卸しでパレットが発生するように Source のモードを変更し、2 つのフローを関連付けます。

エージェントの発生をコントロール

Source の Arrivals defined by を Calls of inject() function に変更することで、エージェントの発生をコントロールします。Source の組み込み関数「*inject(int n)*」を呼ぶことでエージェントを発生させることができます。

「*inject(int n)*」関数は与えられた数のエージェントを発生させます。「*sourcePalltets.inject(12)*」というように Source が発生させる数を指定します。

16. *sourcePallets* の Properties で、Arrivals defined by を Calls of inject() function とします。

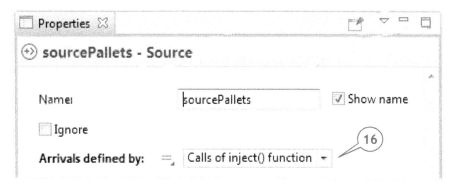

17. トラックが *unloading* に到達したときに、*sourcePallets* がパレットを発生させるように次の変更を行います。

   a.　*unloading* の Properties で Actions セクションを開きます。

   b.　On enter を次のように記述します。

     sourcePallets.inject(16);

     この Java 関数はトラックが荷卸しを始めると、パレットが 16 枚発生することを意味します。

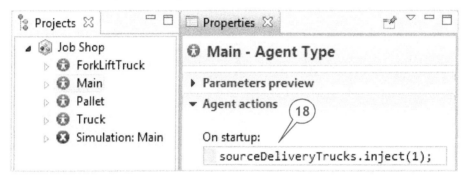

これまでにモデルにトラックを追加しましたが、モデル実行後 1 時間は到着しません。 1 台目のトラックがモデル実行直後に到着するように変更します。

18. *Main* エージェントタイプ（型）の Properties で Agent actions セクションンを開き、On startup を次のように記述します。

sourceDeliveryTrucks. inject(1);

モデルの *startup code*

モデルの Startup code は、モデルのイニシャライズの最終段階として、モデル部品の構築、接続、イニシャライズの後に実行されます。エージェントの活動を開始させるイベントや、付加的なイニシャライズとして活用できます。

19. *storeRawMaterial* の Properties で Actions セクションを開き、On exit に次のように記述します。

if(self. queueSize() == 0)
unloading. stopDelayForAll();

この例で記述される「self」は、*storeRawMaterial* 自身を参照するショートカットです。

```
□ Properties ⋈                                     ⚑ ▽ ◻ ⬚

↗ᵇ storeRawMaterial - RackStore

▸ Resources
▾ Actions

  On enter:               ▤ [                              ]

  On resources arrived:   ▤ [                              ]

  On exit:                ▤ | if( self.queueSize() == 0 )
                               unloading.stopDelayForAll();
```

到着したパレットが全て格納されれば、*unloading* の待機を終了できます。
（つまり、「*stopDelayForAll()*」関数を呼ぶことができます。）トラックの
フローは *unloading* を通過し次の *drivingToExit* へ移ります。

20. モデルを実行します。

21. 下図のように、トラックが綺麗に駐車されない問題は、下記を行って修正
します。

    a. Projects ツリーから Truck エージェントタイプ（型）をダブルクリ
ックし、ダイアグラムに表示し、トラックのアニメーション図形
を確認します。

    b. グラフィカルエディタでトラックのアニメーション図形を選択し、
回転ハンドルかプロパティの Rotation Z,° を変更します。アニメ
ーション図形の Properties で Position セクションを開き、
Rotation Z,° が *-180.0 degrees* であることを確認します。

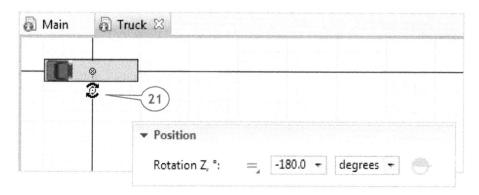

ここまでは、トラック図形の Position を調整しました。次に AnyLogic が
自動的に回転させないようにデフォルトの設定を変更します。

22. AnyLogic のデフォルトの設定を変更します。

    a.   Projects ツリーから Truck を選択します。

    b.   *Truck* エージェントタイプ（型）の Properties で、Movement セクシ
ョンを開きます。

    c.   Rotate animation towards movement チェックの選択を解除します。

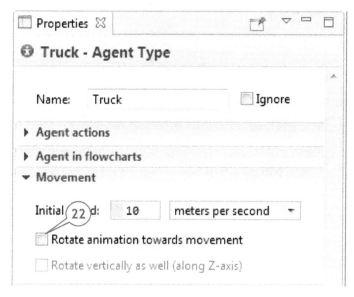

23. *Main* ダイアグラムを開きます。

24. トラックが *receivingDock* で正確に停車するように、Space Markup パレットを開き -◈- Attractor を *receivingDock* 内にドラッグします。

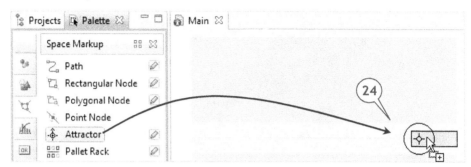

ノード内の *Attractor*

Attractor はノード内でエージェントの位置を決定します。

* Node がエージェントの目的地を定義するなら、Attractor は Node 内部の正確な目標位置を定義します。

* Node がエージェントの待機場所を定義するなら、Attractor は Node 内部の正確な待機位置を定義します。

さらに Attractor は、Node 内部で待機するエージェント・アニメーションの向きを定義します。そのため本モデルでは Attractor を使用します。

Main ダイアグラムへ Attractor を複数追加できます。Attractor が規則的に整列する場合は専用のウィザードを利用できます。ウィザードはいくつかの追加方法を提示します。オプションで全てを削除することもできます。Properties にある Attractors…ボタンをクリックするとウィザードが表示されます。

25. モデルを実行し、トラックの動作を確認します。

期待通りに動作していなければ修正を行います。

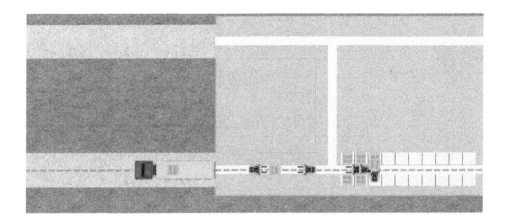

Phase5. CNC マシンをモデル化する

ここでは原材料を加工する CNC マシンをモデルに追加します。CNC マシンの位置を定義するために Point node を使用して、レイアウトの変更から行います。

1. Space Markup パレットから Point node をジョブショップのレイアウト位置にドラッグし、*nodeCNC1* と名前を変更します。

2. 先に配置した Point node をコピーして、2 台目の CNC マシンを配置します。

   AnyLogic が自動的に、名前を *nodeCNC2* に変更します。

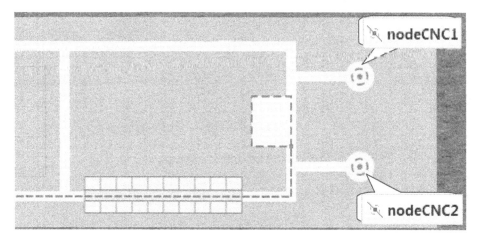

配置した 2 つの Point node を、Path を使用してネットワークに接続する必要があります。フォークリフトと CNC マシン間の経路が必要です。

3. Space Markup パレットの Path を使用して、下図のように経路を描きます。Path と Point node を接続するには Point node の中心をクリックします。

   ＜注意＞*nodeCNC1* と *nodeCNC2* が、ネットワークに正しく接続されていることを確認します。Path を選択し、Path の両端がシアンにハイライトされることを確認します。

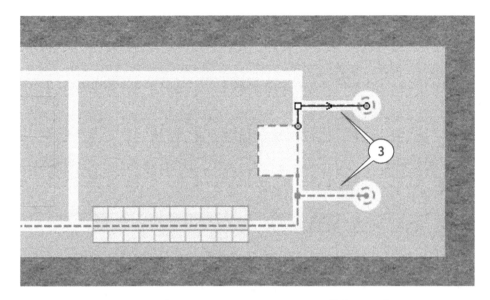

CNC マシンはリソースです。そこで、ResourcePool を使用して新しいリソース
タイプ（型）を作成し、リソースプールをモデルに追加します。

4. Process Modeling Library パレットから ResourcePool を *Main* ダイアグラム
   にドラッグします。

5.
   ResourcePool の Properties を、次のように設定します。

   a. Name を *cnc* とします。

   b. Resource type リストから Static を選択し、固定されたリソースと
       します。

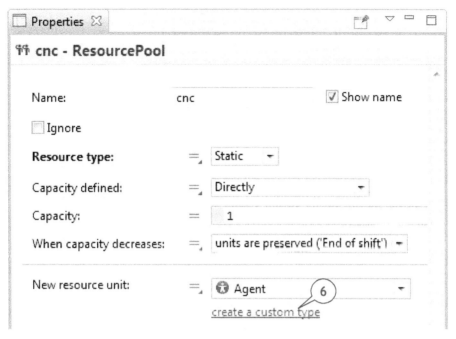

ResourcePool の設定が完了したら、新しいリソースタイプ（型）を作成します。

6. New resource unit リストの下部にある create a custom type ボタンをクリックします。

7. New agent ウィザードを次のように設定します。

      a.   Agent type name に *CNC* と入力します。

      b.   Next をクリックします。

      c.   Step 2.Agent animation のリストから CNC Machines セクションを開き、CNC Vertical Machining Center 2 State 1 を選択します。

      d.   Finish をクリックします。

8. *CNC* ダイアグラムを閉じて、*Main* ダイアグラムに戻ります。

9. ResourcePool (*cnc*) の Properties を次のように設定し、レイアウトに定義した *nodeCNC1* と *nodeCNC2* に 2 台の CNC マシンを設置します。

      a.   Capacity defined リストから By home location を選択する。

          By home location を選択することで Home location (nodes)に指定する数と等しいリソースの数を設定します。

b. 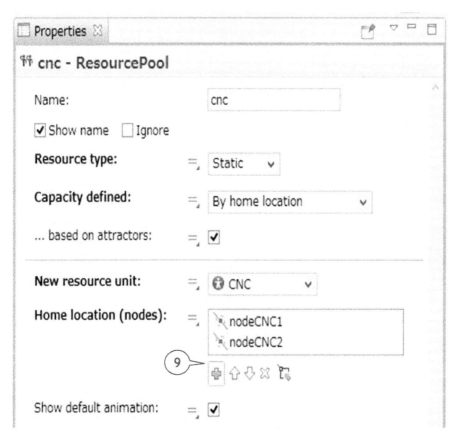 ボタンをクリックし、Home location (nodes) リストに *nodeCNC1* と *nodeCNC2* を追加します。

設定が完了したら下図のようになります。

モデルのパレット用フローチャートに CNC マシンとパレットを関連付ける Seize を追加します。次に Delay を追加して CNC マシンの加工処理をシミュレートします。加工が完了したら CNC マシンの使用を完了させるために Release を追加します。

＜注意＞フローチャートの流れの中で、CNC マシンにパレットを運ぶ際、ムービング・リソース（フォークリフト）をシミュレートする *pickRawMaterial* を使用していることを覚えておきましょう。

10. パレット・フローチャートの *pickRawMaterial* と *sink* をドラッグして右へずらします。

11. Process Modeling Library パレットから ^{ᴨ▲}Seize をドラッグし、パレット・フローチャートの *rawMaterialinStorage* の後に追加します。

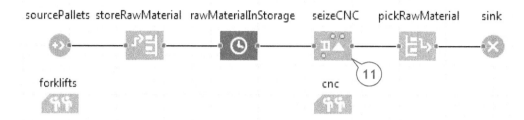

12. Seize の Properties を次のように設定します。

    a.   Name を *seizeCNC* と入力します。

    b.   Resource sets の下にある🔹ボタンをクリックし、cnc を選択します。

この設定で Seize が *cnc* リソースプールから 1 台を占有できます。

13. *pickRawMaterial* の Properties を次のように設定します。

    a.   Destination リストから Seized resource unit. を選択します。

    b.   Resource リストから cnc を選択します。

この部品はフォークリフトがパレットを CNC マシンまで、どのように配送するか定義します。

14. CNC マシンの加工をシミュレートするために次のように変更します。

    a.   🕐Delay を *pickRawMaterial* の直後に配置して、*processing* と名前を変更します。

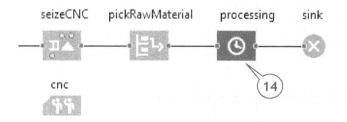

15. Delay (*processing*) の Properties を次のように設定します。

    a. Delay time を *triangular(2, 3, 4)* と入力し、右のリストから minutes を選択します。

    b. Maximum capacity チェックを選択し、CNC マシンが複数のパレットを留保できるようにします。

Delay (*processing*) に到着したエージェントは、CNC マシンの空きができるまで待機し続けます。

16. Process Modeling Library パレットから ▼ Release をドラッグし、*processing* の後に配置します。

17. Name を *releaseCNC* と入力します。

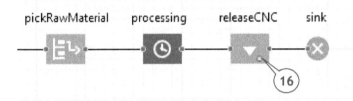

モデルを実行し確認すると、プロセスは正確にシミュレートされていますが、3D アニメーションに注目すると、CNC マシンとパレットが重なって描かれています。CNC マシンと対象のパレットが同じ Point Node を指定しているためです。この問題を解決するために、CNC マシンを右へずらしてパレットと対面するように回転させます。

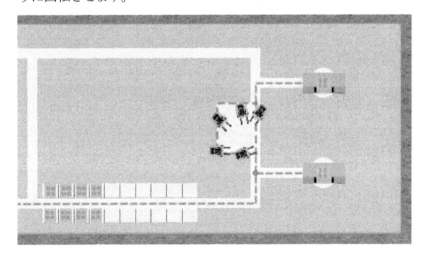

18. Projects ビューにある *CNC* エージェントをダブルクリックし、ダイアグラムに表示します。

19. CNC マシンのアニメーション図形を右へずらし、回転ハンドルをドラッグするか Rotation プロパティの設定を *90.0 degrees* に変更します。

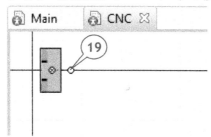

AnyLogic は CNC マシンの状態を表現する 2 種類の 3D アニメーション図形を用意しています。1 つは稼働していない状態、もう 1 つは原材料を加工している状態を表現します。モデル実行時にアニメーション図形の Visible プロパティを、動的に変更することで 2 つの状態を表現することができます。

20. CNC マシンの Visible プロパティを次のよう設定します。

a. CNC マシンのアニメーション図形を選択します。

b. Visible ラベルの隣に表示される = アイコン（静的パラメータの状態を示す）にマウスを重ね、Dynamic value を選択します。

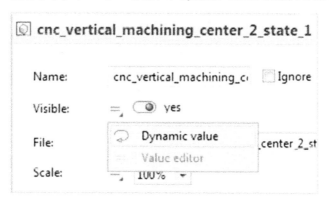

静的パラメータを意味する = アイコンを、動的パラメータを意味する アイコンに変更することで、動的な表現を定義することができる入力ボックスが表示される。*true* か *false* を返す Java の評価式を記述することができます。

c.　ボックスに *isBusy()* と入力する。

isBusy() は AnyLogic のリソースに関する標準的な関数です。リソースが稼働中であれば *true* を返します。CNC マシンが加工しているときに表示させます。

動的なプロパティ

プロパティに評価式を用いた動的な値を定義した場合、全てのアニメーションを実行中のフレームごとに再評価した結果をプロパティの値とします。動的な値は図形の位置、高さ、幅、色などで設定することができ、アニメーションをより表現豊かにします。

動的な値を入力しなかった場合、デフォルトで設定された静的な値でシミュレーションを行います。

- フローチャート部品で使用可能

  Static parameters は関数 *set_parameterName(new value)* を使用して値を変更しない限り、シミュレーション終了まで同じ値を持ち続けます。

  Dynamic properties はエージェントが部品に到達するごとに値が再評価されます。

  Code parameters はフローチャート部品での特定の瞬間（On enter や On exit など）で実行される動作を定義することができます。

- 小さな三角形のアイコンは静的な値と動的な値を切り替えることができることを意味しています。

21. CNC マシンが稼働していない場合を表現するために、もう 1 つアニメーション図形を追加して次のように設定します。

a. 3D Objects パレットを開き、3D 部品を追加する準備をします。

b. CNC Machines セクションを開き、CNC Vertical Machining Center 2 State 2 図形を *CNC* ダイアグラムにドラッグします。

c. 回転、調整を行い、最初に配置したアニメーション図形と重なるように配置します。

d. ラベルの隣に表示されるアイコン（静的パラメータの状態を示す）にマウスを重ね Dynamic value を選択し、*isIdle ()* と入力します。

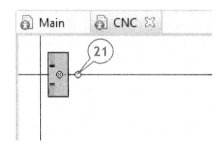

22. 3D Objects の People セクションを開き、Worker 図形を *CNC* ダイアグラムにドラッグします。

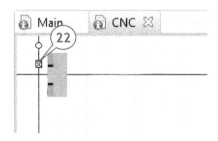

23. モデルを実行し、プロセスを確認します。

フォークリフトが CNC マシンまで、どのようにパレットを配送しているかを確認できます。また、CNC マシンが稼働状態に応じてアニメーション図形を変更していることも確認できます。

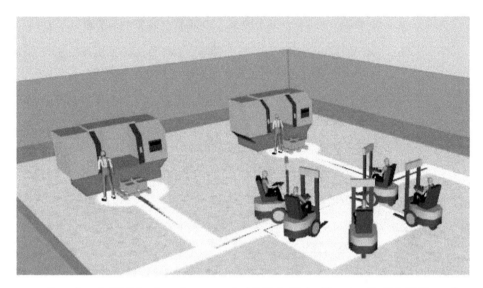

この章では、小規模なジョブショップ（受注生産方式）での生産と発送のプロセスをシミュレートするためのシンプルなモデルを完成させました。これによりプロセスのロジックを定義する Process Modeling Library の部品を用いてフローチャートを構築し、AnyLogic 基礎的な開発方法や、部品について基礎的な知識を得られたと思います。

完成した製品を載せたパレットが発送エリアの保管庫までどのように移動されるか。さらに発送までどのように保管されるかなど、本モデルを改良していくアイデアが浮かぶかもしれません。

次の章の歩行者モデルを構築する際もプロセス中心のフローチャートを使用します。

5.歩行者モデル (Pedestrian modeling)

歩行者の交通シミュレーションは、ショッピングセンター、空港、鉄道駅やスタジアムなどの施設のフロアプランの設計や再設計、既存の建物の拡張やリフォームをする際に重要な役割を果たします。分析結果は、建築家が設計を改善するのを助ける他、設備所有者は、ビルディングの潜在的な問題を調査することが出来ます。また、行政当局は緊急時の避難経路をシミュレートすることが出来、歩行者の複雑な流れを正確に分析するためには本格的なシミュレーション・ソリューションを必要とします。

歩行者の流れは、詳細な理論的調査によって決定されたソーシャルフォースモデルの基礎的なルールに従います。歩行者は、壁や他の人を避けるため、所定の速度で移動し、各歩行者は、距離と速度を調整するために、他の歩行者と相互に反応して移動します。シミュレーション結果の精度は、実際のフィールド調査で証明されています。

指定されたポイント間の総移動時間などのメトリックを作成し、ピーク時の混雑状況を実験することができます。背景のレイアウト、フロアプラン、およびマップをインポートし、歩行者の流れの分析を理解しやすくするために複数の3D ビューを作成することができます。

AnyLogic は、これらの歩行者交通問題を解決いたします:

- 時間とスループット計算。例えば、スーパー・マーケット、地下道、駅、あるいは空港ビルを設計していると仮定します。ゴールが移動時間を最小化し、歩行者が互いにスムースに移動することが出来るレイアウトを作成する場合、AnyLogic シミュレーションは容易に平常、非常時あるいはピーク・ボリューム条件等をテストすることができます。

- 歩行者交通のインパクト解析。テーマパーク、博物館および競技場のような山入りの多い場所の管理者は、新しい売店や広告パネルの位置変更が歩行者移動時間および顧客体験にどのように影響するか理解するためにシミュレーションを使用することができます。

- 避難分析。増加する自然災害と人災のための重要な避難計画を評価し、最適化することを可能にします。緊急イベントモデルは、緊急事態管理部門が、人命を救う効果的な避難計画を策定することができます。

5.1 空港モデル

航空会社2社が就航する小さなエアポート内において、搭乗客がどのように各自目的のゲートに移動するかをシミュレートするモデルを構築しましょう。公共交通機関を利用して、乗客はエアポートに到着します。その後チェックインし、警備のチェックポイントの通過後、待合エリアへ移動します。搭乗案内が出た後、各航空会社の係員は乗客のチケットをチェックし、その後、乗客は搭乗します。

モデルを開発するに当たり6つのPhaseでモデルを構築します。最終Phaseでは、データベースに保管された飛行データ（マイクロソフト・エクセル・スプレッド・シート）を読みこみ、飛行機のスケジュール情報に応じて歩行者を移動させる方法を学習します。

Phase 1. シンプルな歩行者フローの定義

Phase1 では、乗客が到着し、次にゲートに移動するエアポートの単純モデルを作成するために AnyLogic の歩行者ライブラリーを使用します。

歩行者ライブラリー

- 伝統的なディスクリートイベント・シミュレーションモデルは、多人数の歩行者モデルの構築には向いていません。

- AnyLogic の歩行者ライブラリーは、駅、警備のチェックポイント、道路、ビルディング等の環境を移動する歩行者フローモデルを作成することが可能です。

- 歩行者は障害物と相互に反応しながら、連続空間を移動します。歩行者フローモデルでは、特定のエリアの歩行者密度に関するデータを集めることができます。 仮説の負荷をかけ、歩行者が特定の場所にどれくらいの時間とどまるかを推測することができます。また、歩行者の移動に障害を与える構造物を検知し、障害物を移動した場合に問題が解決するかをシミュレートすることが出来ます。

モデル作成の第一歩は、空港フロアのレイアウトに沿って壁を描き、歩行者ダイナミクス・モデルの基礎を作成します。

1. 新しいモデルを作成し、それを *Airport* と命名します。**Model time units** には *minutes* を指定します。

2. Presentation パレットから *Main* ダイアグラム上へ Image をドラッグしてください。

3. 表示するイメージ・ファイルを選択します。ここでは、*AnyLogic folder/resources/AnyLogic in 3 days/Airport* から *terminal.png* イメージ・ファイルを選びます。

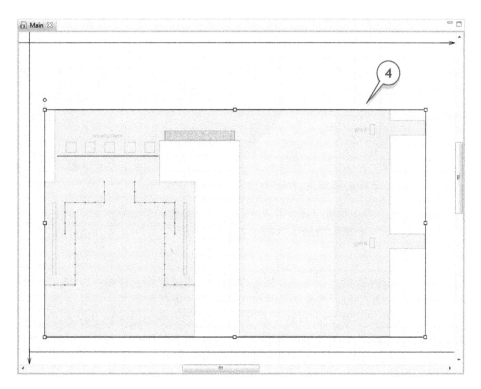

4. Main ダイアグラムにおいては、青いフレームの左下コーナーにイメージを
   置いてください。イメージのサイズを元に戻すには、Reset to original
   size ボタンをクリックします。最後はイメージをロックするために Lock
   チェックボックスを選択してください。

歩行者モデルのスペースを定義するために AnyLogic の Pedestrian Library パ
レットのスペースマークアップ図形を使用します。これらは、壁、歩行者がサ
ービスを受ける改札口やチケットオフィス及び待合室等のエリアを線引きする
ために使用します。

歩行者モデルのスペースマークアップ図形

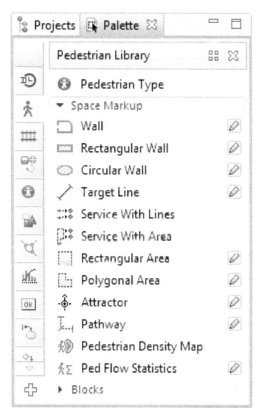

Pedestrian Library パレットの Space Markup セクション

モデル作成の最初は、歩行者が通り抜けることができない壁を描きます。イメージに表現されている壁の上に"AnyLogic での壁"を配置するために、ここでは 3 つのスペースマークアップ図形を使用します。

Walls

Wall -インテリア及びエクステリアの壁を描きます。

Rectangular Wall -歩行者によってアクセス出来ないスペースとして平方形領域を描くためにこのシェイプを使用します。

Circular Wall - 円柱、プールおよび噴水のような円形の障害物を描くためにこのシェイプを使用します。

5. 空港ビルの壁を描くために 🚶Pedestrian Library パレットを使用します。Pedestrian Library パレットの Space markup セクションにある⬜Wall をダブルクリックして、描画モードにします。次に、壁の最初のポイントクリックし、さらに次のポイントをクリックすることによって、連続した壁を描くことが可能です。壁の最終ポイントで、マウスをダブルクリックすることで描画は終了します。

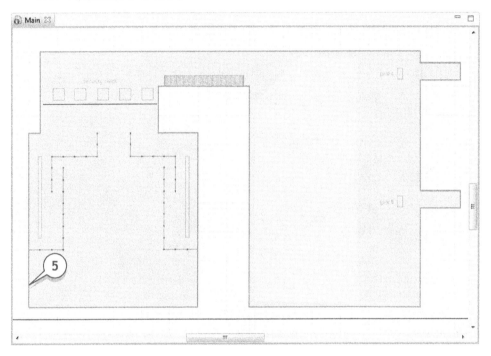

新しい壁の色と高さを選択して、壁の外観を変更します。

6. 壁の Properties を開き、Appearance セクションの Color 項目で、*dodgerBlue* を選択します。

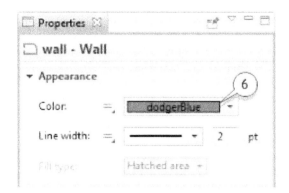

今ビルディングの壁を定義し、それらのカラーを選択しました。モデルの歩行者がエアポート入口からゲートに行くことを確認するために特別なスペース・マークアップ・エレメントである **Target Line** を使用します。

Target line

歩行者ダイナミクス・モデルにおいて、**Target Line** は、シミュレートされた空間において歩行者が出現（発生）する位置、待機や行先を定義することが出来ます。

7. 下図に示すように、Pedestrian Library パレットから ✐Target Line をドラッグしてフロア図上の乗客が出現する位置にドロップしてください。

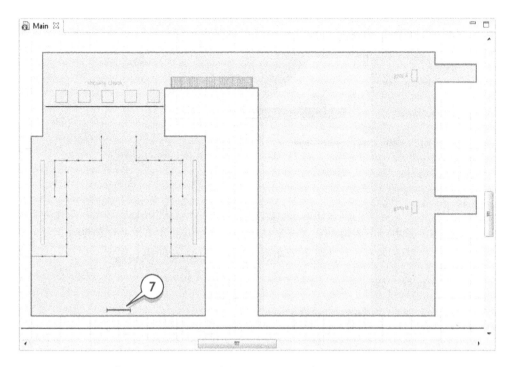

8. **Target line** を *arrivalLine* と命名してください。

9. 乗客はエアポート入口⑦から入り、下図右上にある搭乗ゲート周辺に、向かう様に、別の **Target line**⑨を描き、次にそれを *gateLine1* と命名します。

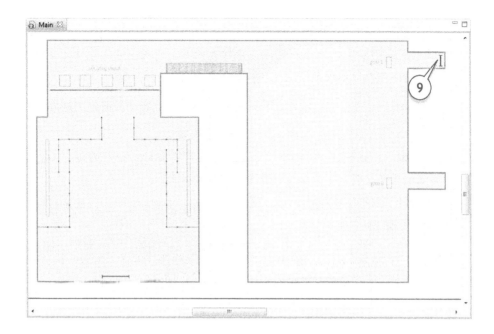

● モデルの Target line エレメントと Space markup シェイプは壁の内部に引く
ようにします。モデル内の space markup シェイプのいずれかが壁に触れる場
合、″ **Exception during the discrete event execution: Unreachable target…**″
エラーメッセージがモデル・ランタイムに表示される場合があります。

単純な歩行者モデルを定義するスペースを作成しました。次にモデルのプロセ
ス・ロジックを定義するためにフローチャートを使用します。

Pedestrian Library フローチャートブロックを使用し て、歩行者フロー・ロジックを定義

歩行者ダイナミクス・モデル中で起こるプロセスを定義するためにフローチャ
ートを使用します。モデルの歩行者はフローチャートに従い移動し、ブロック
によって定義されたオペレーションを行ないます。

最も重要な Pedestrian Library ブロック:

　　🚶 PedSource - このブロックは、**Process Modeling** ライブラリ・フロー
チャートにおいて歩行者エージェントを生成します。通常、歩行者フロー
の始点にこのブロックを使用します。

$\overset{\text{\texthigh}}{\nearrow}$ PedGoTo -このブロックは歩行者が移動する目的地を設定します。

$\overset{\text{\textlow}}{\nwarrow}$ PedService - このブロックは歩行者がどのようにサービスポイントでサービスを受けるかをシミュレートします。

$\overset{\text{\textlow}}{\nwarrow}$ PedWait -このブロックは歩行者を指定した位置で、所定の時間待たせます。

$\overset{\text{\textlow}}{\nwarrow}$ PedSelectOutput -このブロックは、歩行者がいくつかのルートあるいはプロセスを選択するための条件を設定します。

$\otimes$ PedSink -このブロックは歩行者が移動を完了する、フローの終端（エンドポイント）です。

10. _Main_ ダイアグラムに、Pedestrian Library パレットから PedSource $\textcircled{\texthigh}$ をドラッグしてください。

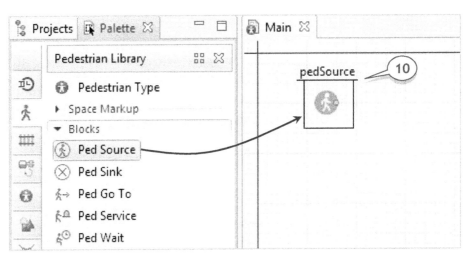

11. 搭乗客が毎時平均 100 人ランダムに空港に到着するとして、*pedSource* の
プロパティを開き **Arrival rate** に *100* を入力します。

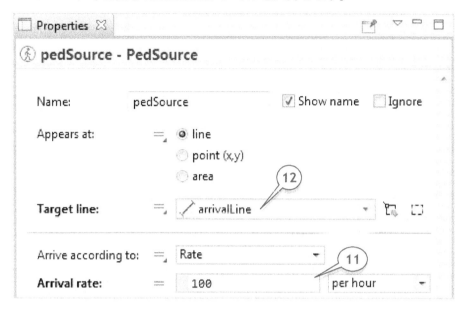

12. Target line リストで *arrivalLine* を選択することで、搭乗客が現われる
位置を指定します。

13. 指定された位置への歩行者移動をシミュレートするために、*pedSource* に
PedGoTo 🏃➔ ブロックをドラックして加えます。PedGoTo のプロパティを開
き、搭乗客をゲートに移動させるので、オブジェクト名を *goToGate1* にし
てください。

　ブロック同士を接続するには、パレットから図上へ新しいブロックをドラッ
グし、繋ぎたいブロックに近づけることで自動的に接続されます。

14. `Target line` コンボ・ボックスから *gateLine1* を選択することで移動先を指定します。

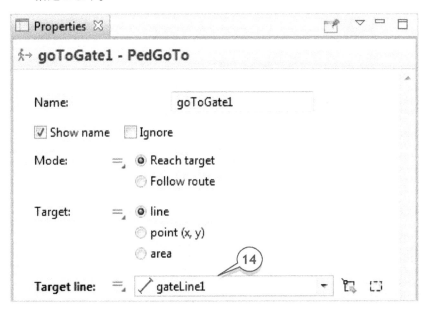

15. ゲートを通過した搭乗客を廃棄（消去）するために PedSink ⊗ブロックを加えます。歩行者フローチャートは、通常 PedSource ブロックで始まり、PedSink ブロックで終わります。

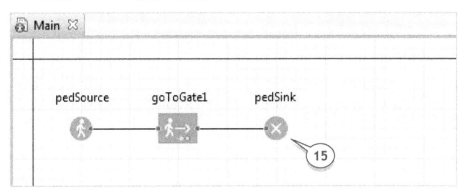

完成したフローチャートは上図の様になります。

16. モデルを実行すると、2D アニメーションで、搭乗客がエアポート入口か
らゲートに移るのを見ることが出来ます。

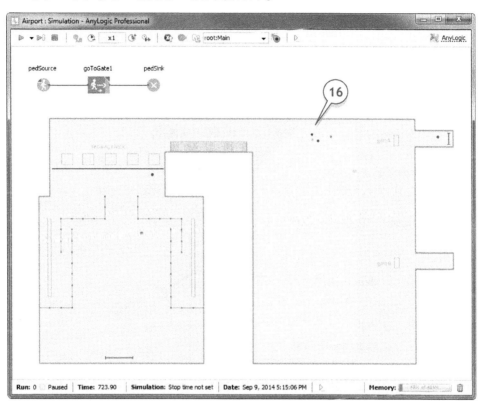

Phase 2. 3Dアニメーションの作成

3D用の部品として、3D ウィンドウ、カメラ及び乗客を加えることによって、モデルに 3D アニメーションを加えます。最初に搭乗客にカスタム 3D アニメーション・シェープを割り当てます。これは、カスタム Pedestrian type を作成する必要があることを意味します。

♠ **歩行者に、3D アニメーション、カスタム属性或は統計を加えるには、カスタム Pedestrian type を作成しなければなりません。**

1. Pedestrian Library パレットから、*Main* ダイアグラムへ 🟠 Pedestrian Type エレメントをドラッグすると、New agent ウィザードが起動します。

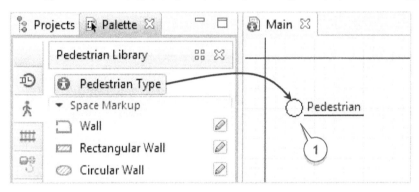

2. New agent ウィザードで、**Agent type name** に *Passenger* と入力し、Next をクリックします。

3. Agent animation 画面で People リストの最初のアイテム、Person を選択し、Finish をクリックします。

4. *Passenger* ダイアグラムが開いたら、*Main* ダイアグラムに戻ります。

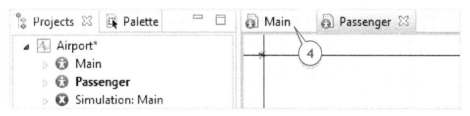

5. 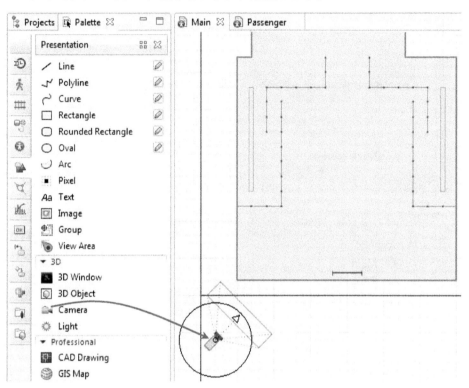 Presentation パレットから、*Main* ダイアグラム上へ Camera をドラッグして、ターミナルに面するように、配置します。

6. Main ダイアグラム上へ 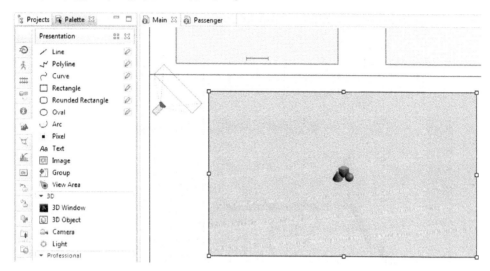3D Window をドラッグして、ターミナルのレイアウト画像の下に配置してください。

7. 3D Window プロパティを開き、 Camera リストから *camera* を選択します。

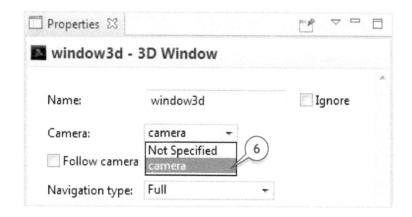

8. フローチャートブロックの *pedSource* に、今作成したカスタム *Passenger type* を関連付けるため、*pedSource* のプロパティを開いて、次に、Pedestrian セクションにおいて New pedestrian ボックスで *Passenger* を選びます。

9. モデルを実行し、ツールバーのリストからの 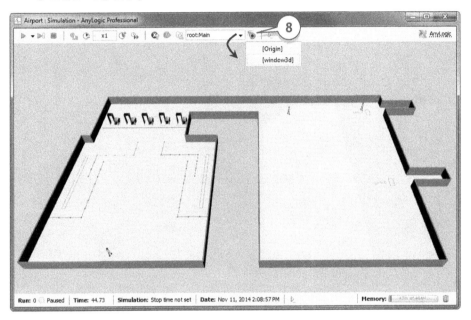 Navigate to view area…ボタンをクリックし、次に[window3d]を選択することで、3D ビューに変更することができます。

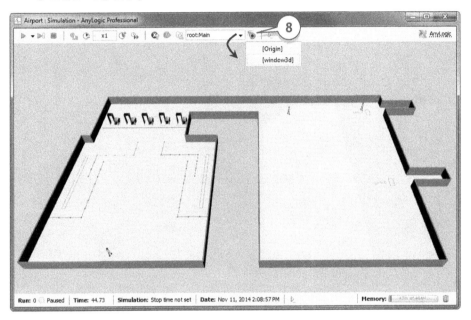

3D ビューで、コンピューター・マウスを使用し、ナビゲートすることが出来ます。

3D シーンのナビゲーション

- **カメラを、左右、前後に動かす**には、マウスを希望の方向にドラッグして移動します。

- **カメラを近づけたり、遠ざけたりする場合**は、マウスのホイールを回転させます。

- **カメラを回転させる**には、ALT キーと左のマウスボタンが押されている間にマウスをドラッグします。

10. 最良の眺めを初期表示にするには、3D 場面の内部で右クリックして(Mac OS: CTRL+クリック)、次に、Copy the camera's location をクリックしてください。

11. モデルのウィンドウを閉じて、カメラのプロパティを開き、次に、Paste coordinates from clipboard をクリックして、前のステップ中に選択した最適なカメラ位置を適用してください

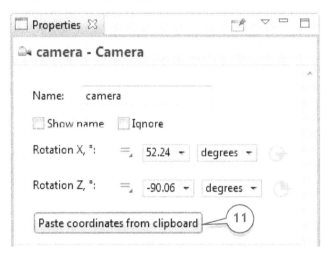

　カメラを見つけることができない場合は、それを見つけるために **Projects** ツリーを使用してください。本モデルの *Main* エージェントの **Presentation** ブランチの下でそれを見つけることが出来ます。

12. モデルを再度実行します。そして、新しいカメラ・ポジションが提供する 3D ビューをご覧ください。

Phase 3. セキュリティ・チェックポイントの追加

Phase3 では、警備のチェックポイントを加えることによってエアポートの内部で起こるプロセスをモデル化します。警備のチェックポイントはすべてサービスポイントとなります。

歩行者モデルでのサービスとは

歩行者フロー・シミュレーションでは、歩行者がサービスを受ける改札口、両替機、チケット売り場、券売機等をサービスとして定義し、サービスが使用中の場合、それが利用可能になるまで、他の歩行者は並んで待ちます。

モデル内の歩行者が利用するサービスを定義するために二段構えのプロセスを完成させる必要があります。これらの2ステップの1番目は、歩行者モデルのサービスを描くために Service with Lines と Service with Area マーク・アップ・シェープを使用することです。

- Service with Lines - このマーク・アップ・シェープは、自動改札口や自動券売機のような、歩行者が1列に待つサービスを定義します。

- Service with Area - サービスが利用可能になるまで、歩行者がチケット窓口や銀行窓口の待合所で待機するようなサービスを定義します。

モデルのサービスを描いた後、フローチャートに Pedestrian Library の PedService ブロックを加えることによって、歩行者フロー・ロジックを定義します。

5つの警備のチェックポイントを加えます。それは5つのサービスと各サービスポイントを待つ5つの待ち行列を加えることを意味します。

1. ターミナルのレイアウト上への Pedestrian Library パレットからの Service with Lines をドラッグしてください。既定でサービスは、2つのサービスポイントと2行のキュー・ラインを持ちます。

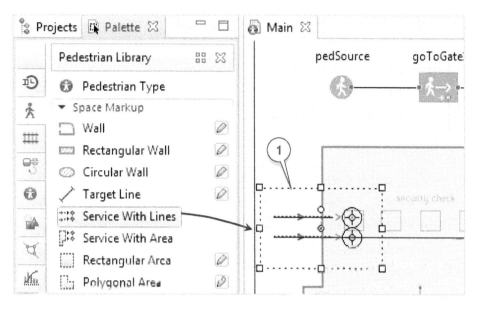

2. Service With Lines のプロパティを開き、Name ボックスに、*scpServices* と
記入します。 ("scp"はセキュリティ・チェックポイントを表わします)
その後、Type of service を *Linear* に変更してください。

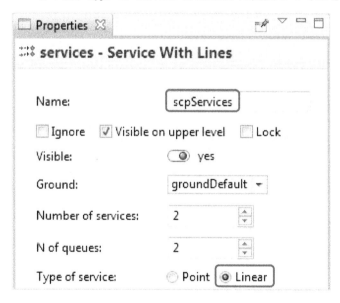

Point サービスから Linear サービスにサービス・タイプを変更したので、サ
ービス・シェープはポイントからラインに変わります。

歩行者モデルにおける *Linear* と *Point* サービス

歩行者サービスは Linear サービス、または Point サービスになります。

- 自動改札口のような Linear サービスでは、歩行者は、絶えずラインの始点からラインの終点ポイントに移動します。

- チケット売り場のような Point サービスでは、歩行者は与えられた遅延時間分待ちます。

モデルの乗客がセキュリティー・チェックの金属探知器を通ってサービスラインとパスに沿って歩く Linear サービスを利用しています。しかし、Linear サービスが金属探知器の通過方向と垂直に交差していることが分ります。

3. サービスを回転させ、金属探知機の通過方向と同じにするためシェイプの中心の上の円形のハンドル③を使用して、回転させてください。

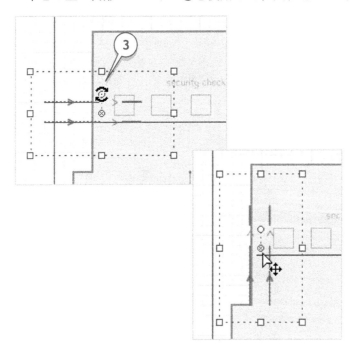

4. 最初の linear サービスが金属探知器フレームの通過方向に沿うように、
サービスを動かしてください。

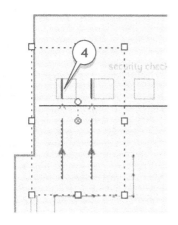

グリッドを無視してエレメントを移動する方法

自動的にグリッドにエレメントを整列させずに、自身でエレメントを動かすに
は、ALT を押したままエレメントを動かすか、ツールバーの Enable/Disable
Grid ボタンを使用してグリッドを無視することができます。

5. 次のサービスラインを選択します。

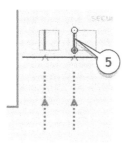

複雑なスペースマークアップ図形

複合的なスペースマークアップ図形はいくつかのコンポーネントシェープで
構成されます。例えば、Service with Area シェイプがサービス・シェープと
Polygonal Area から構成されている一方、Service with Lines シェイプはサービ
ス・シェープと Queue Line スペースマークアップ図形から構成されています。

複雑なスペースマークアップ図形を用いる場合は、これらのルールに細心の注意を払う必要があります。

- 最初に Full complex space markup shape(Service with Lines)を選択します。

- Complex space markup shape を選択した後、Service または Queue Line を選択するために component shape をクリックすることができます。

6. 正確に、第 2 のセキュリティ・チェックポイント・プレースホルダーの上にサービスラインを配置して、次に、キュー位置を調節してください。

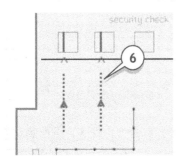

7. 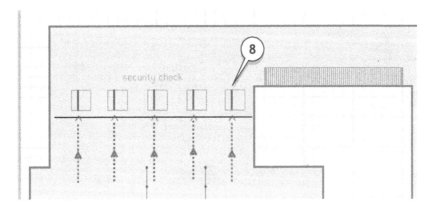 Service with Lines シェイプのプロパティに移動して、Number of services と Number of lines を共に、5に変更してください。

8. 必要に応じて、新しいサービスとキュー・ラインの位置を調節してください。

今サービスを描いたので、モデルのロジックにそれらを加えます。乗客が、どのようにセキュリティ・チェックポイント・サービスを通って移動するかシミ

ュレートするために、PedService という名の特別な Pedestrian Library ブロックを使用します。

9. フローチャートの PedSource と PedGoTo の間へ PedService を加えます。ライン・シェープで参考文献として載せられたサービスを利用して定義したサービスを歩行者に通過させ、その後、それを *securityCheck* と命名します。

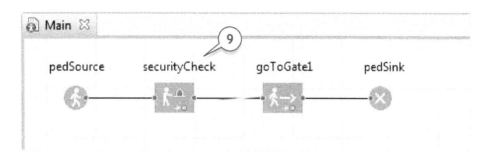

10. *securityCheck* ブロックのプロパティで、Services に *scpServices* を選択します。

11. セキュリティ・チェックポイントの通過に 1, 2 分かかると考えられるので、Delay time には *uniform(1, 2)*、minutes　と入力してください。

12. セキュリティ・チェックポイントの 3D モデルを追加します。3D Objects パレットの Airport 区分の *Metal Detector* と *XRay Scanner* を使って、5 つのセキュリティ・チェックポイントを描きます。3D オブジェクトの大きさを変更できるメッセージボックスが現れます。オプション Do not ask me again を選択し、YES をクリックします。

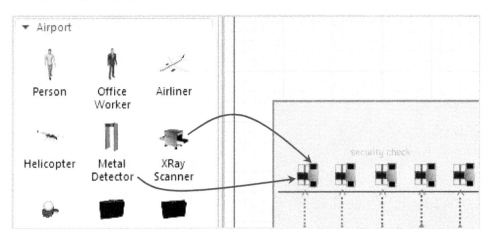

13. モデルを実行して下さい。乗客がセキュリティ・チェックポイントでチェック検査しているのが確認できます。

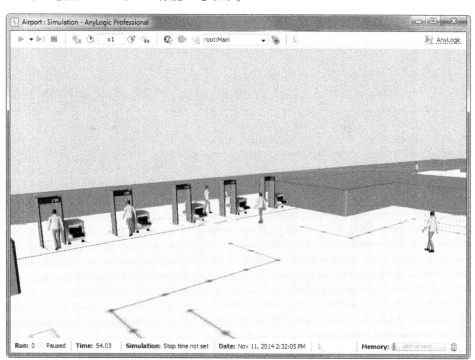

Phase 4. 搭乗手続き施設を追加

乗客のチェックインを様々な方法で表す空港内の搭乗手続きの施設をシミュレートする準備ができています。

1. もう一つの🔲Service with Lines シェイプでチェックインの位置を描きます。今回は、サービスポイント4つと、「蛇行」列 (搭乗手続きエリアで一般的な壁) 1つが必要になります。

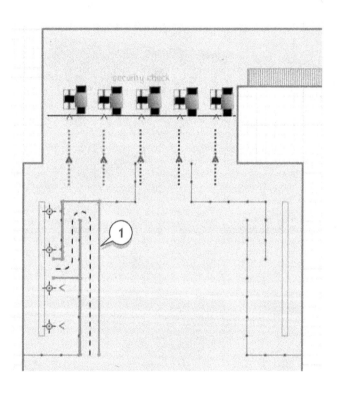

2. サービスに *checkInServices* と名前をつけてください。図の下の見える位置にシェイプを置きます。図で見るようなラインを描くには、指定した位置にラインを動かし、ラインが回り始める終点を配置してください。

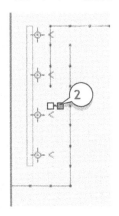

3. ラインに突き出しポイントを追加してください。列のラインを右クリックし、ポップアップメニューより Add points を選択します。ラインの突き出しポイントを配置する場所でクリックして、さらにポイントを追加してください。ラインの引き終わりはダブルクリックします。最終に、下記フォームの列のラインを描きます。

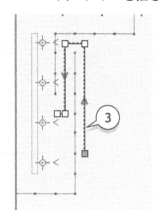

4. この Service with Lines のプロパティで、Type of queue を Serpentine に変更します。蛇行列(名前は「ジグザグ」)をシミュレートするためにこのオプションを使います。境界線に沿った列を確認でき、3D アニメーションではベルトバリアーが表示されます。

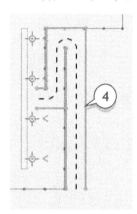

5. 別の PedService ブロックを追加して *checkInAtCounter* と名前を付けてください。

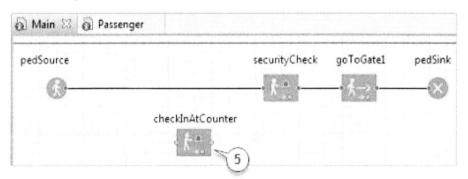

6. プロパティを開き、Services にスペースマークアップ図形 *checkInServices* を選択してください。

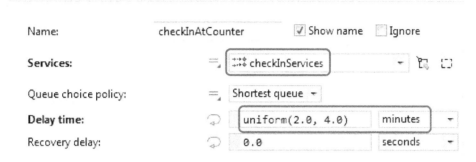

7. チェックインするのに 2-4 分かかると想定して、Delay time に *uniform(2, 4)   minutes* と入力してください。

8. 乗客のフローチャートに分岐を作るには PedSelectOutput ブロックを追加してください。

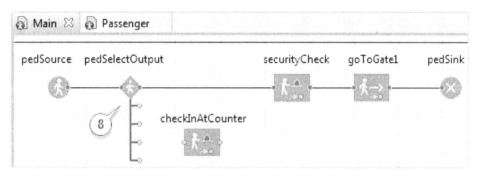

9. 下図のようなフローチャートブロックに *checkInAtCounter* ブロックを接続させます。

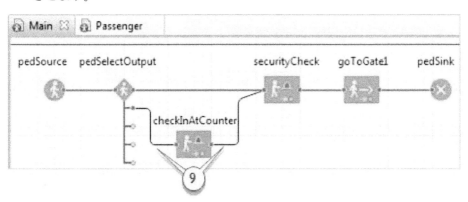

コネクターを描く

ブロック同士が隣接している場合、モデルのフローチャートブロックは自動で接続されますが、手作業でブロックを接続する場合、コネクター（接続子）を使うことが可能です。コネクターを描くには、最初のブロックのポートをダブルクリックし、別のブロックのポートをクリックします。接続ラインで角を追加するには、クリックして追加します。コネクターを描いた後、コネクターのダブルクリックおよび表示するポイントのドラッグで分岐点を追加することができます。分岐点を削除するには、分岐点をダブルクリックしてください。

10. 乗客の 30%がオンラインでチェックインし、70%がカウンターでチェックインすると想定して、*pedSelectOutput* の Probability1: に 0.3 Probability 2:に 0.7 を設定して振る舞いをモデル化します。この活動は上のフローチャートに 30%の乗客、下に 70%の乗客を動かします。下の 3 つの出力ポートに乗客の歩行を止めるため、Probability 3, Probability 4, Probability 5 に *0*を設定してください。

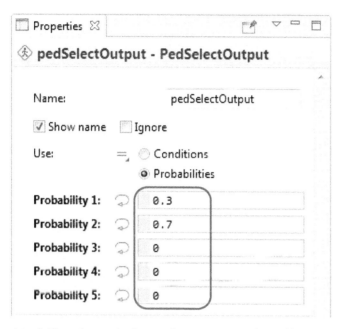

11. 空港のチェックインエリアに 3D モデルが使える準備を追加しましょう。
パレットの 3D Objects タブにて、People を展開し、次にダイアグラムに
Office Worker と *Woman 2*のコピーを追加します。

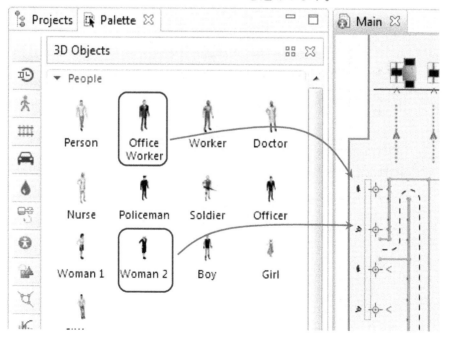

12. 乗客が立ち入らないエリアを定義します。歩行者ライブラリパレットのスペースマークアップ・セクションから Rectangular Wall を追加し、下図のように配置します。モデル実行時にこの壁を非表示にするのに、壁のプロパティにて Visible を no に設定します。

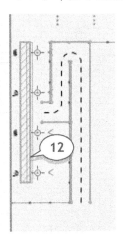

13. パレットの 3D Objects タブにて、Office を選択し、次に図上に Table を4つドラッグします。テーブルを正しい向きにするには、Properties > Position エリアの Rotation, Z: を 90 度に設定します。

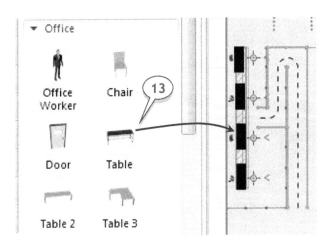

14. モデルを実行します。乗客がチェックインし、次に手荷物検査を通過し移動していくのを確認できます。

ゲートに進む途中、乗客を待機させるには、待機をシミュレートするためにフローチャート・ブロック（PedWait）を追加し、待機エリアを描く必要があります。

15. Pedestrian Library パレットの Space Markup 区分の 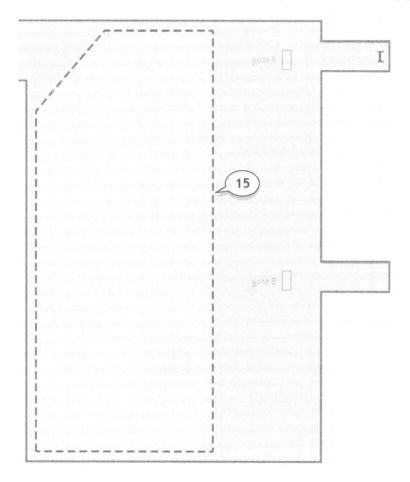Polygonal Area を用いて、ゲート前に待機エリアを描きます。描写モードに切り替え、クリックして下図のようにエリアを描画します。ダブルクリックで完了させます。

16. PedService と PedGoTo 間のフローチャート上に ${}^{\textcircled{O}}_{\textrm{S}}$PedWait を追加します。

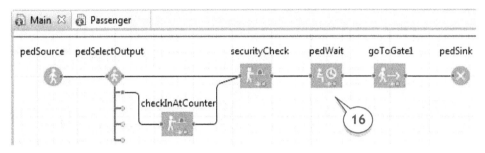

17. Area リストから area を選択し、Delay time に *uniform(15, 45)* minutes を設定してブロックのプロパティを変更します。

18. 再びモデルを実行して下さい。乗客がゲートに移動する途中、待機エリア
で待機するのが確認できます。

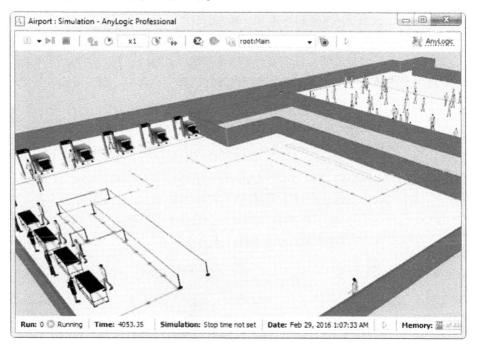

右側にチェックイン施設をさらに追加し、より多くの方向に歩行者フローを分
けるには PedSelectOutput を設定することができます。

? 自動チェックインのシミュレート方法は？

Phase 5. 搭乗論理の定義

ここでは、空港ゲートに起こるプロセスをシミュレートします。搭乗前に乗客が通過するチケットチェックポイントは、ビジネスクラス（最初にサービスを受けている）、およびエコノミークラスの乗客ともに一列しかありません。ビジネスクラスとエコノミークラスの乗客を区別するため、歩行者にカスタム情報を追加します。

1. Projects ツリーの *Passenger* アイテムをダブルクリックし、*Passenger* エージェントタイプ・ダイヤグラムを開きます。

2. 乗客クラスの定義づけに 🕴Agent パレットの 🌀Parameter を追加し、*business* と名前を付けてください。Type:は *Boolean* で設定してください。パラメータが *true* の場合、ビジネスクラスの乗客になります。それ以外の場合（パラメータが *false*）は、エコノミークラスの乗客になります。

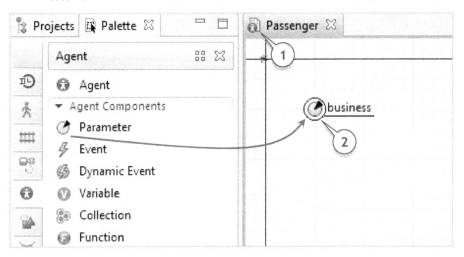

異なる 3D モデルでビジネスクラスとエコノミークラスの乗客を 3D アニメーションで識別します。エコノミーの乗客を表示し、ビジネスクラスの乗客を表示する別の 3D シェイプを追加するには、既存の *Person* 3D オブジェクトを利用します。

3. ビジネスクラスの乗客をアニメ化する 3D オブジェクト　　　Office　worker を追加し、軸の原点 $(0, 0)$ に配置してある *Person* にぴったり重ねます。

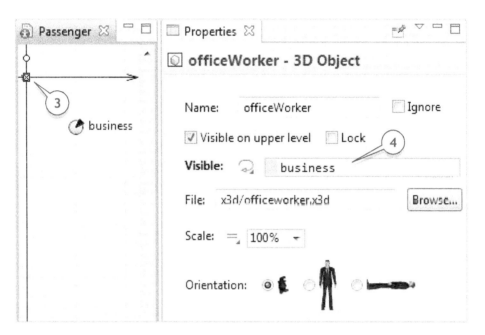

4. これらオブジェクトの可視性を変更します。初めに、*Office worker* をクリックします。ビジネスクラスの乗客の時に限り、すなわち *business* パラメータが *true* の時に、このシェイプが表示されるようにします。Visible ラベルの右にあるアイコン をクリックし、Visible プロパティをダイナミック値エディタに切り替えます。次に、ボックスに *business* を入力します。そうすることで、歩行者の *business* パラメータが *true* の時に限り、この 3D シェイプが表示します。

5. 次に、*person* 3D オブジェクトを選択（Projects ツリーから行えます）し、Visible プロパティをダイナミック値エディタに切り替え、*! Business* と入力します。乗客がエコノミークラスの場合は、このシェイプを表示します。
記号 ! は論理演算 NOT の意味です。*Business* が *false* の時（乗客がビジネスクラスではなく、エコノミークラスの場合）、表現 *!business* は *true* を返します。

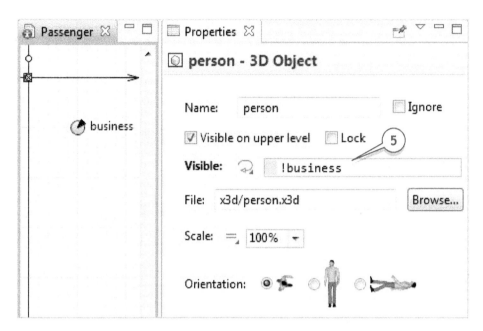

空港ターミナルに到着時、乗客のクラスをセットアップします。

6. *Main* ダイアグラムに戻り、Agent パレットの 🌐 Function を追加し、*setupPassenger* と名前を付けます。

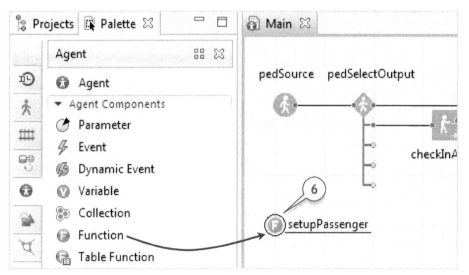

7. 以下のように関数を設定します。

- 関数に新しく作成した乗客を渡すには、引数を作成します。Properties＞
  Arguments セクションに下記を追加します。
  Name： *ped*
  Type： *Passenger*

- 関数のコードは、ビジネスクラスの乗客がモデルに存在する頻度を定義し
  ます。
  ped.business = randomTrue(0.15);

この場合、*ped* は *Passenger* 型の関数の引数です。引数として *Passenger* を設
定し、直接簡単に *ped.business* としてカスタム歩行者フィールド *business*
にアクセスすることができます。モデルの乗客平均 15% がビジネスクラス
と予想した場合の平均 15% で関数の *randomTrue(0.15)* は *true* を返します。

8. 新規の歩行者を *pedSource* ブロックで作成する時は、この関数を使用してください。*pedSource* プロパティエリアを開き Actions セクションを展開し、On exit: に *setupPassenger(ped);* を入力します。

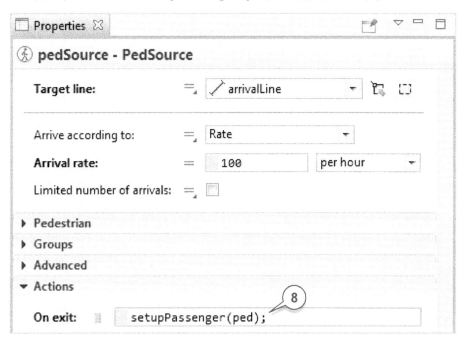

これから、新しく作成された歩行者の関数 *setupPassenger* を使用します。歩行者はその引数を介して関数に進みます。

上側のゲートに Service With Lines を二つ追加し、それぞれビジネスクラス用、エコノミークラス用とします。

9. プライオリティ・ライン(ポイント・サービス、1 サービス、1 ライン)とし
　　て Service With Lines を描き、このサービスに *business1* と名前を付け
　　ます。

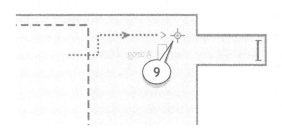

10. さらに Service With Lines を追加し、*economy1* と名前を付けます。

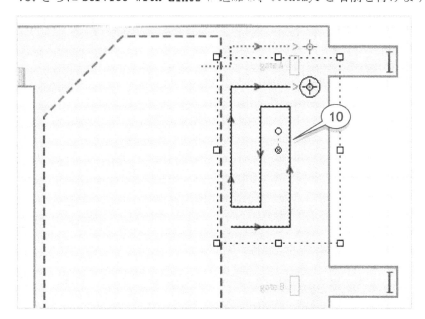

11. 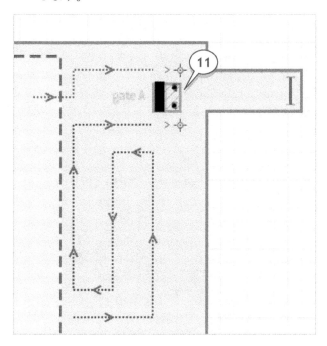 Rectangular wall でゲートにエリアを描き、テーブルと女性の 3D モデル（*Woman1*）を二人追加します。**Rectangular wall** の **Visible** は *no* に設定します。

フローチャートの *pedWait* と *goToGate1* オブジェクトの間にブロックを挿入します。

12. ビジネスクラスとエコノミークラスの異なる経路を作る PedSelectOutput を追加してください。

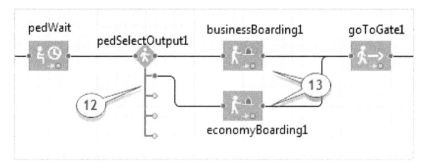

13. ゲートでの乗客チケットをチェックする過程をシミュレートする *businessBoarding1* および *economyBoarding1* の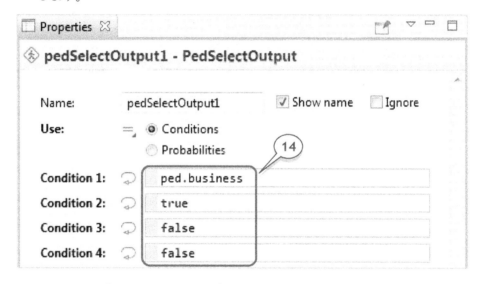 PedService を二つ追加します。

14. PedSelectOutput の経路はビジネスクラスとエコノミークラスと異なるため、Use: で Conditions を選択し、Condition 1 に *ped.business* を入力します。このコードはビジネスクラスの全乗客が *true* を返します。それらが上部のフローチャートに従い、プライオリティ・ラインに連結することを意味します。ブロックの出力ポート (*true, false, false*) のコンディションを設定することで、モデルは Condition 2 に他のすべての乗客を出力します。

15. PedService (*businessBoarding1*) は、Services として *business1* を選択します。乗客チケットのチェックに 2～5 秒程度かかるので、Delay time を *uniform(2, 5)seconds* に設定します。

16. *economyBoarding1* は、Services: *economy1* を設定し、Delay time を *uniform(2, 5)seconds* に設定します。

17. モデルを実行すると、乗客がチェックポイントを通過するのが確認できます。また、数人がプライオリティ・ラインに並んでいきます。

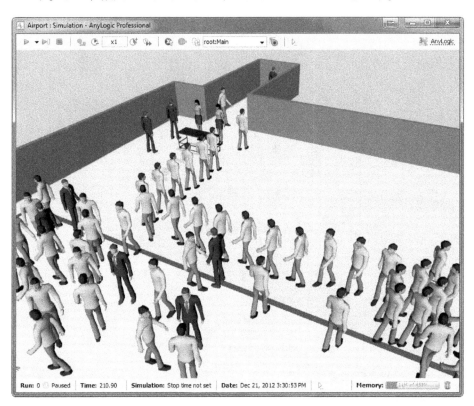

Phase 6. フライトの設定

ここでは、Excel ファイルに保存されているタイムテーブルを用いて、飛行機が特定時間に離陸するようにモデル化します。

データベース

AnyLogic のモデルは入力データとシミュレーション出力を読み書きする統合データベースを備えています。

```
▲ 🔺 Airport
   ▷ 🔵 Main
   ▷ 🔵 Passenger
   ▷ ⊗ Simulation: Main
     🗄 Database
```

データベースで次のことが可能：

* パラメータ値を読み、モデルを構成する

* パラメータ化されたエージェントを作成

* プロセスモデルのエージェント到着を再現

* ログフローチャート活動、イベント、ステートチャート図変遷など

* リソースの利用、待機、プロセッシング、トラベルタイムの見解

* 保存する、エクスポート統計、データセット、カスタムログ

* マイクロソフト Excel スプレッドシートにエクスポートデータ

　外部のデータベースあるいはスプレッドシートから AnyLogic に簡単にインポートできます。あるいは、空のデータベーステーブルを作成し、データを手動で入力することができます。

データベースからデータをインポートする方法を説明します。

1. Projects ビューにて、🗄Database を右クリックして、ポップアップメニューから Import database tables...を選択します。

2. Import database tables ダイアログボックスが開きます。プロジェクトにインポートするデータベースを選択します。*Flights.xlsx* ファイルを指定

するのに Browse... をクリックします。*AnyLogic folder* から *resources/AnyLogic in 3 days/Airport.* ファイルを選択します。

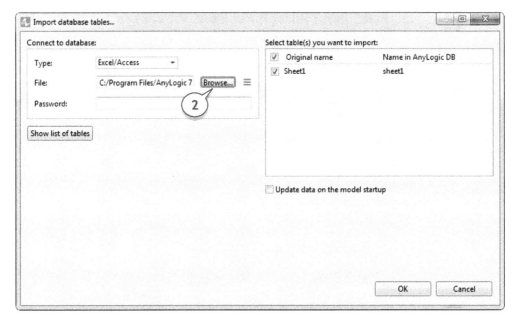

3. 画面右側にある Select table(s) you wish to import リストに *Sheet1* が追加されました。モデルに選択されたデータベーステーブルからデータをインポートするのに、OK をクリックします。

4. Projects ビューに *sheet1* アイテムが Database の下に追加されました。テーブルエディターに表示されたテーブルに保存されますので、*sheet1* をダブルクリックしてください。テーブルは、フライトの行き先、出発時間およびゲート数についての情報を保存する 3 コラムがあります。

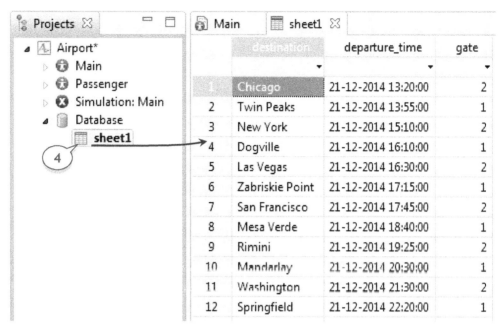

これから、新規のエージェントタイプ *Flight* を作成します。

5. *Main* ダイアグラム上に ⊕Agent パレットのエージェントをドラッグし、
新規の *Flight* エージェントタイプの空のエージェントを追加します。

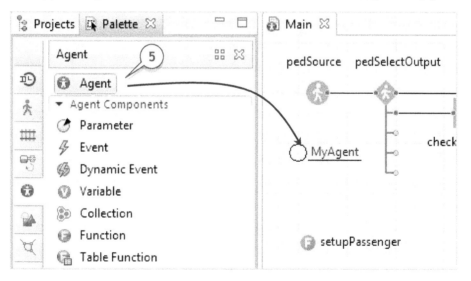

6. New agent ウィザードで、以下を行います。

a. Population of agents を選択します。

b. オプション I want to create a new agent type を選択し、Next をクリックします。

c. Agent type name を *Flight* と記入します。**Agent population name** は自動的に *flights* と入力されます。Use database table を選択し、Next をクリックします。

d. ウィザードの次ページでデフォルト設定（データベースの *sheet1* テーブルのデータを使用する）のまま、Next をクリックします。

e. 次のページでは必要な *Flight* エージェントのパラメータ（*destination, departureTime, gate*）を作成します。自動的にマッピングされた内容を確認し Next をクリックします。

f. フライトをアニメ化する必要がないので、アニメーションを None で選択します。

g. Finish をクリックします。

7. Projects ツリーから *Flight* をダブルクリックし、*Flight* ダイアグラムに三つの異なるパラメータを確認できます。

- *destination*, Type: *String*.

- *departureTime*. Type: *Date*.

- *gate*, Type: *int*.

これらのパラメータはフライトの出発時間、行先およびゲート数を保存します。

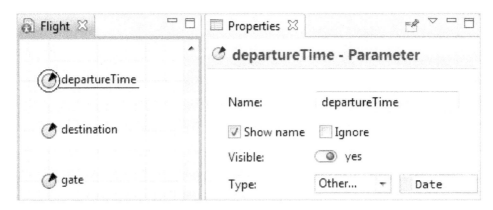

8. *Flight* ダイアグラムに `Agent` パレットの 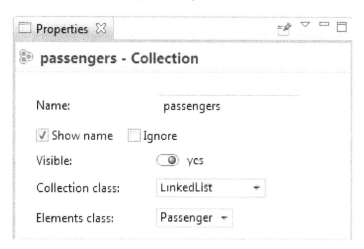Collection を追加し、*passengers* と名前を付け、`Collection class` を *LinkedList* に、`Elements class` を *Passenger* に設定します。このコレクションはチケットを購入した乗客リストを保存します。

コレクション

コレクションは集められたデータを保存、検索、操作します。1ユニットの中に多数のエレメントをグループ化したオブジェクトのデータを定義します。それらは特徴的には自然のグループを形成するデータ項目を表します。

9. エージェントタイプ *Flight* を作成できたので、*Passenger* ダイアグラムに *flight* パラメータを追加し、パラメータの `Type` に *Flight* を設定します。このパラメータは乗客のフライトを保存します。

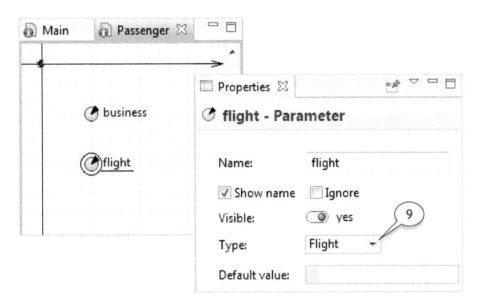

10. *Main* ダイアグラムに戻り、搭乗時間を定義するパラメータを追加します。新規のパラメータに *boardingTime* と名前をつけ、Type:は Time、Unit: は minutes、 Default value: は *40* を選びます。

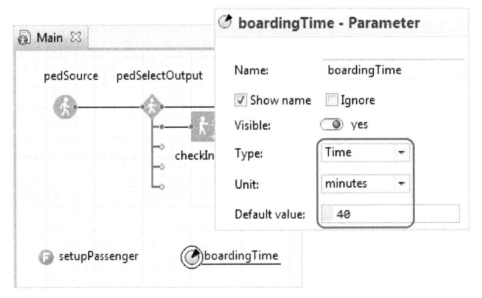

11. セットアップ・プロセスの完成には、始めに作成した関数 *setupPassenger* を選択します。関数は乗客が利用可能なフライトリストからフライトをランダムに選択するのに、関数 *random()* を使います。そのフライトは乗客

のパラメータ *flight* に保存され、AnyLogic は同じフライト乗客の集まり
に乗客を追加します。Function body のコードを次のように変更します。

```
▼ Function body

ped.business = randomTrue(0.15);
Flight f;

do
{  f = flights.random(); }
while (dateToTime(f.departureTime) - boardingTime < time() );

ped.flight = f;
f.passengers.add(ped);
```

関数 *dateToTime()* は出発日に関してモデル時間の日時およびモデルタイムユ
ニット設定を変換します。関数 *add()* はコレクションにエレメントを追加し
ます。

コレクションの内容の働き

下記の関数を使用して、コレクションの内容を管理できます。

- *int size()* – コレクションのエレメント数を返します。

- *boolean isEmpty()* – コレクションにエレメントがない場合、*true* を
  返します。それ以外の場合、*false*を返します。

- *add(element)* – このコレクションの終りに指定したエレメントを追
  加します。

- *clear()* – コレクションのエレメントを全て削除します。

- *get(int index)* – コレクションの指定した位置のエレメントを返しま
  す。

- *boolean remove(element)* – 指定したエレメントがある場合、コレクシ
  ョンから削除します。リストに指定したエレメントが存在する場合、
  true を返します。

- *boolean contains(element)* – このコレクションに指定したエレメント
  が存在する場合、*true* を返します。

12. 二つ目のゲートを定義します。

- Service with lines を二つ追加します。 : *business2* and *economy2*.

- 長方形の壁、テーブル、女性を描きます。

- Target line (*gateLine2*) を描きます。

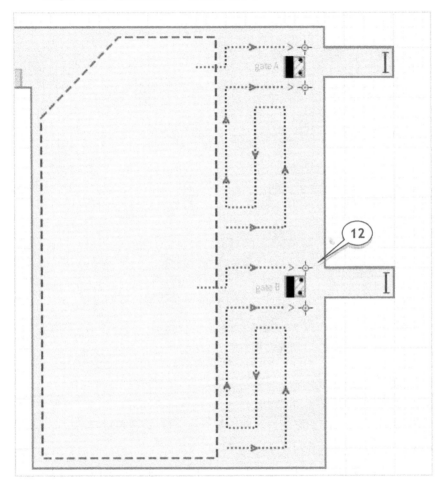

13. PedSelect Output から出て、PedGoTo へ入る 🚶 PedService
（*businessBoarding2* と *economyBoarding2*）を二つ追加して下さい。
PedSelect Output が異なる４か所の地点に乗客を案内します。

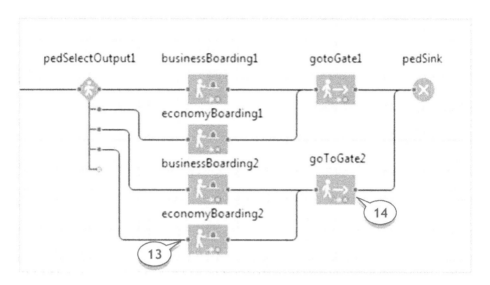

14. 乗客が次のゲートにどのように移動するのか、🚶‍♂️PedGoTo を追加します。PedGoTo の Target line として *gateLine2* を選択してください。

15. *businessBoarding2* については、Services: *business2* を設定します。*economyBoarding2* については、Services: *economy2* を設定します。両方ともに Service time: *uniform(2, 5)* **seconds** を設定します。

16. フライトの設定で、乗客がどのゲートを選ぶか定義する *pedSelectOutput1* を下図のように変更します。

ダイナミックイベント

出発と搭乗の動きを作るモデルのユーザー定義の予定を組むためにダイナミックイベントを利用します。モデルは、同時に予定された同じダイナミックイベントの数々のインスタンスを持つことができ、また、それらはイベントのパラメータに保存されたデータによって初期化することができます。

ダイナミックイベントの利用：

- 数々のイベントの予測、類似行動の演出、同時におこる予定を見るとき

- ダイナミックイベントの行動が特定の情報に依存するとき

  - ◆ NOTE：　AnyLogic は、Java クラスなどのダイナミックイベントを表現することからダイナミックイベントの名前の頭は大文字にする必要があります。

17. *Main* ダイアグラムに 🧍Agent パレットの 🌀Dynamic Event を2つ追加してください。

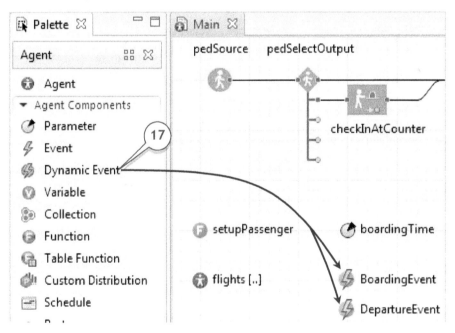

18. ダイナミックイベント *DepartureEvent* は、今後のフライトを含むエージェントからフライトを削除することで、航空機の出発をスケジューリングします。イベントの設定に下図を使用します。

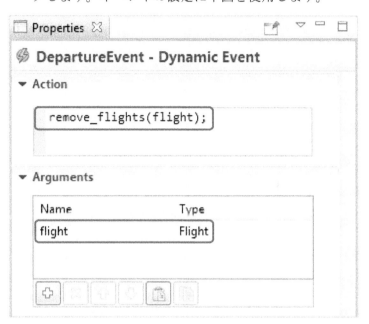

19. 次のダイナミックイベント (*BoardingEvent*) は飛行機の搭乗予定を組み、40 分で出発できるフライトの予定を組むダイナミックイベント *DepartureEvent* の実証を作成します。

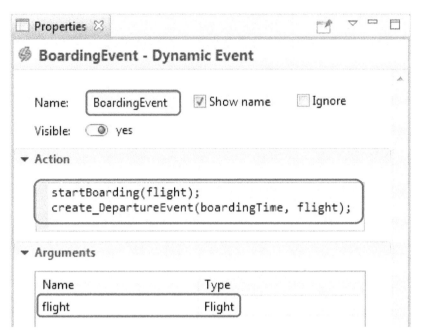

メソッド *create_<DynamicEventName>* を呼ぶことでダイナミックイベントのインスタンスを作成します。我々のケースにおいて、*DepartureEvent* と名前を付けたダイナミックイベントのインスタンスを作成するために *create_DepartureEvent()* 関数を使っています。

20. *pedWait* の Delay ends パラメータを On delay time expiry から、待機エリアで搭乗待ち乗客を確認する On free() function call に変更します。

21. 搭乗プロセスの開始をモデル化する Function（*startBoarding*）を定義
してください。この関数は、待機している全乗客に対して、*pedWait* の関
数 *free()* を呼び出し、それらの遅延を終了することで搭乗を許可します。

この事例において、*flight* で定義された *passengers* のコレクションを通過す
る For Loop を使用しています。搭乗する乗客は待機エリアから退出する必要
があります。

"for" ループ利用で集団エージェントの反復処理

「for」ループの 2 つのフォームは、集団のエージェントの反復処理をする最も簡単な方法です:

Syntax	Example
Index-based: *for(* ⟨initialization⟩; ⟨continue condition⟩; ⟨increment⟩ *) {* 　⟨statements executed for each element⟩ *}*	*for(int i=0; i<group.size(); i++) {* 　*Object obj = group.get(i);* 　*if(obj instanceof ShapeOval) {* 　　*ShapeOval ov = (ShapeOval)obj;* 　　*ov.setFillColor(red);* 　*}* *}*
Collection iterator: *for(* ⟨element type⟩ ⟨name⟩ : ⟨collection⟩ *) {* 　⟨statements executed for each element⟩ *}*	*for(Product p : products) {* 　*if(p.getEstimatedROI() < minROI)* 　　*p.kill();* *}*

22. 全ての登録済のフライトに搭乗予定を立てる *planBoardings* 関数を確定します。関数はエージェントの集まり *flights* を通って繰り返します。直ちに搭乗開始に経過した搭乗時間の前に離陸を設定したフライトは許可します。この条件を満たさないフライトは、*boardingTime* パラメータで定義したように出発時間の４０分前に搭乗するプロセスを開始します。

▼ Function body

```
for (Flight f : flights)  {
  double timeBeforeBoarding =
    dateToTime(f.departureTime) - boardingTime;
  if ( timeBeforeBoarding >= 0 )
    create_BoardingEvent(timeBeforeBoarding, f);
  else {
    create_DepartureEvent(dateToTime(f.departureTime), f);
    startBoarding(f);
  }
}
```

If は指示した条件をチェックします。選択したフライトの搭乗が行われている場合、出発の予定を組み、*startBoarding* 関数（引数値として一時的に引用）を呼び出すことで搭乗を許可します。その他に、*BoardingEvent* の予定をたてます。

23. *Main* の Agent actions の、On startup ボックスに、*planBoardings()* 関数を追加します。

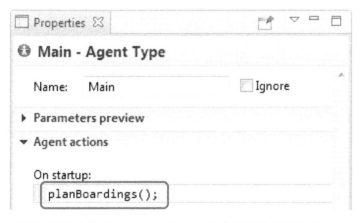

出発時間を定義する Excel ファイル内に特定日にするシミュレーションの出発ポイントを結びつける必要があります。

24. Projects で、*Simulation* を選択します。実験プロパティの Model time において、開始日としてデータベースのフライト期日を設定します。Start date に *21/12/2014, 12:00:00* を設定します。Stop リストに Stop at specified date をクリックし、Stop date に *21/12/2014, 21:00:00* を設定します。

Properties ⊠

⊗ Simulation - Simulation Experiment

Name: Simulation   ☐ Ignore

Top-level agent: Main ⌄

Maximum available memory: 512 ⌄   Mb

▸ Parameters

▾ Model time

Execution mode: ○ Virtual time (as fast as possible)
                 ● Real time with scale   1   ⌄

Stop: Stop at specified date ⌄

Start time: 0   Stop time: 540

Start date: 2014/12/21 ▦▾   Stop date: 2014/12/21 ▦▾

              12:00:00 ⬍   21:00:00 ⬍

25. 日時を表示する Clock を Pictures パレットから追加します。

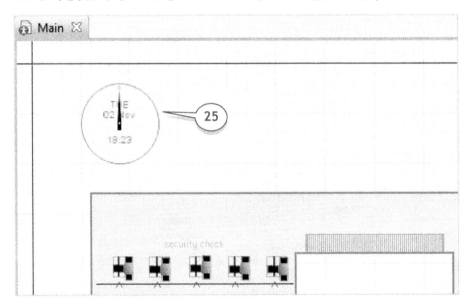

Main ⊠

26. モデルを実行します。乗客が待機エリアで搭乗案内を待ち、次にゲートに移動するのを確認できます。

特にイベント、機能および活動チャートに描くカスタム・ロジックを定義する AnyLogic の使用方法を図示したので、モデルは以前より複雑になるかもしれません。シミュレーション・プロジェクトの開発における次のステップに、各特定のモデリング技法を実証するサンプルモデルだけでなく、AnyLogic の Help 機能をご利用下さい。

AnyLogic ご利用時のサポート・チームへのコンタクトは Get Support ボタンを押してください。AnyLogic に関するご質問にお答えし、モデル開発時に起こるあらゆる問題に対応いたします。

参考文献

シミュレーションモデリング本 ボルシチエフ(A. (2013))　AnyLogic 6 マルチメソッドモデリング　北アメリカ AnyLogic

疫学のコンパートメントモデル(n.d.)　June 1, 2014 ウィキから検出
http://en.wikipedia.org/wiki/Compartmental_models_in_epidemiology

コンウェーのライフゲーム(n.d.)　May 15, 2014　ウィキから検出

http://en.wikipedia.org/wiki/Conway's_Game_of_Life

イェール・マウンテン・ソフトウェア株式会社(2002) (Version 2) [ソフトウェア]　入手先 http://www.geerms.com

オラクル (2011)　*Java™ Platform, Standard Edition 6 API Specification*[オンライン]　入手先 http://docs.oracle.com/javase/6/docs/api/[23 May 2013]

乱数発生プログラム(n.d.)　June 29, 2014 ウィキから検出

http://en.wikipedia.org/wiki/Random_number_generator

ビジネス ダイナミクス　スターマン J(2000)：複雑な世界のシステム思考およびモデリング　ニューヨーク　マグロウ社

サン・マイクロシステムズ(1999)　Java TM プログラミングのためのコード協定[オンライン]　入手先 http://www.oracle.com/technetwork/java/javase/documentation/codeconvtoc-136057.html [23 May 2014]

システム・ダイナミックス協会会社(2014)　システム・ダイナミックス協会[Online]　入手先 www.systemdynamics.org [23 May 2014]

AnyLogic カンパニー(2014)　*AnyLogic Help*[]

入手先 http://www.anylogic.com/anylogic/help/

人生ゲーム(n.d.)　June 15, 2014 ウィキから検出

http://en.wikipedia.org/wiki/The_Game_of_Life

ＵＭＬステートマシン(n.d.)　June 15, 2014 ウィキから検出

http://en.wikipedia.org/wiki/UML_state_machine

索引